AF558762

Felix Diergarten

Anton Bruckner: das geistliche Werk

müry salzmann

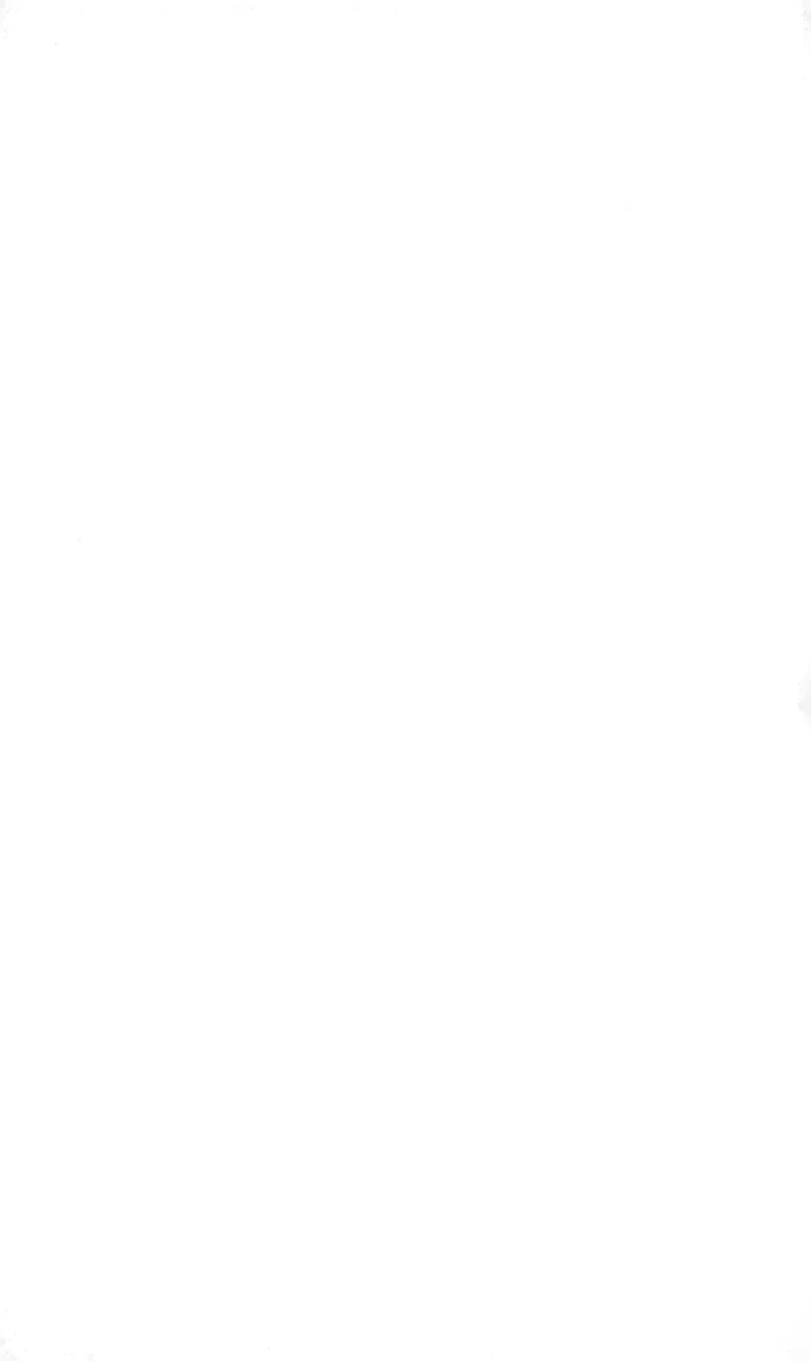

Zu diesem Buch

Anton Bruckner – ein bekannter Unbekannter?
Einerseits ist Bruckners geistliche Musik in aller Munde, nicht nur im Jahr seines 200. Geburtstages: Kaum ein Kirchenchor, der nicht das *Ave Maria*, das *Christus factus est* oder das *Locus iste* im Programm hätte, kaum ein sinfonisches Konzerthaus, in dem die f-Moll-Messe oder das *Te Deum* noch nicht erklungen wären. Aber wer weiß schon, dass Bruckner das *Ave Maria* und das *Christus factus est* je drei Mal vertonte, in unterschiedlichen Lebensphasen und in verschiedenen Stilen? Wer kennt Bruckners deutschsprachige Chöre für Trauungen, Beisetzungen und Namenstage? – Der größte Teil von Bruckners über 50 geistlichen Werken ist noch heute unbekannt.
Ein Unbekannter ist Bruckner aber auch in anderer Hinsicht. Das Bild vom Kirchenkomponisten Bruckner beschränkt sich meist auf wenige Klischees, auf den ›frommen‹ und ›tiefgläubigen‹ Organisten, auf den komponierenden Sonderling, der mit seinem Katholizismus aus Zeit und Welt gefallen scheint. Dabei lebte Bruckner in sehr unterschiedlichen Lebenswelten, und seine Musik entstand für ganz unterschiedliche Kontexte: für die Dorfkirche, für die große Stiftsbasilika, den Bischofsdom, für eine Dombaustelle, für die Hofkapelle, für zahllose kleine Anlässe des Alltags und für den Konzertsaal der Weltstadt. Jeder dieser Orte hat Spuren in Bruckners Werken hinterlassen, in der Auswahl der Texte, in der Besetzung, hinsichtlich Anspruch und Umfang und natürlich auch im Stil.

Dieser Werkführer bietet erstmals in kompakter Buchform fundierte Informationen zu Bruckners geistlichem Gesamtwerk und wendet sich an alle, die Bruckners geistliche Musik mit neuen Ohren hören und aufführen wollen. Sämtliche Werke werden vor ihrem sozialen, religiösen und liturgischen Hintergrund dargestellt und mit aufführungspraktischen Hinweisen versehen. Der Werkführer kann einerseits als Nachschlagewerk konsultiert werden, da jedes Werk in einem eigenständigen Abschnitt beschrieben ist (ein Register erschließt die Werke ferner thematisch und nach dem Aspekt der Besetzung), lässt sich andererseits aber auch wie ein Buch lesen: Die Hauptkapitel sind chronologisch angelegt, so dass sich innerhalb derselben jeweils eine kleine Erzählung von Bruckners Entwicklung als Komponist ergibt. Auf eingehende biografische Schilderungen jenseits der geistlichen Werke wird hier aber verzichtet.[1]

Am Anfang steht eine Einführung in die Bedingungen von Kirchenmusik zu Bruckners Zeiten. Welche Rolle spielte Kirchenmusik in Bruckners Leben? War Bruckner religiös? Welche Aufgaben hatte ein Kirchenkomponist seiner Zeit? Welche Texte standen ihm zur Verfügung? Wie kam es zur Auswahl der Texte? Zu welchen liturgischen Zeiten und in welchen Räumen erklangen die Werke?

Als erste Werkgruppe werden die großen lateinischen Kompositionen in den Blick genommen – also die Messen einschließlich der Totenmesse (*Requiem*); dazu das *Te Deum* und das *Magnificat*, denn deren liturgische Funktion einschließlich der Anlage nach Art einer barocken Kantate mit Soli, Chor und Orchester verbinden diese mit den Messen, so dass sie zusammen eine sinnvolle Gruppe ergeben.

Das nächste Kapitel behandelt die kleineren lateinischen Werke. Für diese hat sich der Begriff ›Motette‹ eingebürgert, ein Terminus, der ebenso zutreffend wie nichtssagend ist: »Motette ist seit Jahrhunderten der Name für mehrstimmige kirchliche Gesänge von mäßiger Ausdehnung, ohne Instrumentalbegleitung«, schrieb Hugo Riemann 1882 in seinem Lexikon.[2] Wir verzichten auf diesen Begriff, weil er die Einheit einer Gattung suggeriert, die es nie gab. Auch Bruckner hat ihn nicht verwendet. Er bezeichnete seine kleinen geistlichen Werke schlicht als »Chöre« oder nannte sie bei ihrer liturgischen Funktion.

Eine dritte Werkgruppe schließlich bilden die deutschsprachigen Werke: die Psalmvertonungen, Choräle, Lieder und Kantaten. Die beiden letzten Gruppen werfen die Frage auf, in welchem Sinne sie geistliche Musik sind. Die Bruckner-Gesamtausgabe von Leopold Nowak etwa erachtete Bruckners *Totenlieder* als geistlich, einen Grabgesang für Propst Arneth hingegen als weltlich. Im Werkverzeichnis von Renate Grasberger (1977) gelten zwei der fünf Florianer Prälatenkantaten als geistlich, drei als weltlich. Wir halten uns deshalb im Folgenden an die im Werkverzeichnis als geistlich bezeichneten Werke mit den WAB-Nummern 1–54, ziehen jedoch die drei Kantaten WAB 60, 61a und 61b der Vollständigkeit halber hinzu.

Die Zivilgesellschaft in St. Florian und Linz war in hohem Maße von religiösen Ritualen geprägt; eine saubere Trennlinie zwischen weltlicher und geistlicher Sphäre lässt sich nicht ziehen.

anton bruckner und die kirchenmusik seiner zeit

Berufen zur Kirchenmusik?

Als sich Anton Bruckner im Alter von fünfzig Jahren auf eine Kapellmeisterstelle in Wien bewarb, schrieb er stolz, er sei »bei der Kirchenmusik aufgewachsen«. Ein gutes Jahrzehnt später, als ihm die Universität die Ehrendoktorwürde verlieh, wünschte sich Bruckner, man möge ihn in der Urkunde als »Symphoniker« bezeichnen, »weil darin«, wie er sich ausdrückte, »stets mein Lebensberuf bestand«.[3]

Aufgewachsen bei der Kirchenmusik, berufen zum Sinfoniker – so deutete Bruckner sein Leben als Musiker. Das Wörtchen »bei« war gut gewählt, denn anders als Bach, Mozart oder Beethoven entstammte Bruckner keiner Musikerfamilie; er wuchs – wie Franz Schubert – im Schulhaus auf. Allerdings gehörten im Ansfelden der Bruckners, einem Dorf zwischen der Stadt Linz und dem Stift St. Florian, Schule und Kirche zusammen.

Nach dem Tod des Vaters kam Bruckner im Alter von knapp 13 Jahren mit St. Florian an einen Ort der Kirchenmusikpflege. Als Sängerknabe lernte er hier die Werke der barocken und klassischen Kirchenmusiktradition kennen, in der Klosterbibliothek studierte er die Werke der Meister; an der Orgel wurde er immer gewandter, auch schuf er zunehmend größere Kompositionen. Im Alter von dreißig Jahren wurde er Dom- und Stadtpfarrorganist in Linz und verdiente so erstmals als Musiker seinen Unterhalt. Auch jetzt setzte er seine Studien fort, lernte Kontrapunkt, freie Komposition und Instrumentation und schrieb drei Messen, mit welchen er die kirchenmusikalische Welt seiner Heimat hinter sich ließ: Kunstwerke, die aus ihrer Zeit herausragen.

Nichts hatte in Bruckners erster Lebenshälfte darauf hingedeutet, dass er eines Tages eine Sinfonie schreiben, geschweige denn als einer der größten Sinfoniker nach Beethoven in die Geschichte eingehen sollte. Durch seinen Linzer Lehrer, Kapellmeister Otto Kitzler, kam er in Kontakt mit der zeitgenössischen Musik, lernte die Werke Richard Wagners kennen, schrieb im Unterricht Sinfonisches, und sein Freundeskreis ermunterte ihn, diesen Weg weiter zu beschreiten. Im Jahr 1868 – Bruckner war bereits 44 Jahre alt – gelang ihm mit seiner Ersten Sinfonie ein Achtungserfolg. Noch im selben Jahr gab Bruckner die Stelle als Domorganist auf, zog nach Wien, wurde Professor am Konservatorium und nebenbei auch Anwärter auf einen Posten als Hoforganist. Seine einzige Pflicht als Organist waren dann Orgeldienste an jedem dritten Wochenende.[4] Die knappe freie Zeit widmete Bruckner dem Komponieren; er vollendete in Wien acht Sinfonien und starb über der Arbeit an der neunten.[5] Messen schrieb Bruckner in Wien nicht mehr, und Kirchenmusik entstand nur noch vereinzelt auf Bestellung und zu gegebenen Anlässen. Lediglich für das *Te Deum* und den *150. Psalm* wendete sich Bruckner wieder der geistlichen Chorsinfonik zu, beide wurden aber im Konzertsaal uraufgeführt, nicht in der Kirche. Aufgewachsen bei der Kirchenmusik und jahrelang in ihrem Dienst, kann man Bruckner in seiner zweiten Lebenshälfte nicht mehr als Kirchenkomponisten bezeichnen.

Kirchenmusikalische Traditionen

Anton Bruckner war zutiefst von der Musik des österreichischen Kirchenbarocks geprägt, welche sich über anderthalb Jahrhunderte von der Musik der Wiener Hofkapellmeister Johann Joseph Fux (1660–1741) und Antonio Caldara (1670–1736) über die Gebrüder Haydn bis zu Beethoven und Schubert zog. So sehr sich der Klang der Kirchenmusik in dieser Epoche auch wandelte und Elemente des galanten, empfindsamen, des klassischen und des frühromantischen Stils aufnahm, so deutlich ist – etwa mit Blick auf den Generalbass, der sich noch in den Messen Beethovens und selbst in den Florianer Kirchenmusikwerken Anton Bruckners findet – die Kontinuität. Diese Kontinuität zeigt sich ferner im Repertoire musikalisch-rhetorischer Figuren, die dem Hörer die liturgischen Texte nahebringen, in den kontrapunktischen und fugierten Passagen an bestimmten Stellen des liturgischen Textes und schließlich – ohne jede Scheu vor Anklängen an die zeitgenössische Musik – im Instrumenteneinsatz. Durch die Jahrhunderte hindurch nämlich sahen sich die Kirchenmusiker der Frage ausgesetzt, ob geistliche Musik auch die Mittel der zeitgenössischen Kunstmusik verwenden dürfe. Gebetsmühlenartig wiederholten Päpste und Bischöfe die Mahnung, Kirchenmusik dürfe nichts »Weltliches« oder »Unpassendes« enthalten, was deutlich macht, dass sie sich nicht durchsetzen ließ; zudem waren die Regeln meist – mehr oder weniger bewusst – unverbindlich formuliert. Die zu Bruckners Zeit jüngste Enzyklika zur Kirchenmusik hatte Benedikt XIV. im Jahre 1749 veröffentlicht. Der Papst forderte darin erneut, die Kirchenmusik von der weltlichen Musik abzugrenzen, räumte aber zugleich ein, dass die Instrumentalmusik vielerorts mit Erfolg und damit im Sinne der Kirche eingesetzt werde. »Wir mahnen lediglich an«, so der Papst über die Musikinstrumente, »dass sie einzig dazu verwendet werden sollen, um die Kraft des Gesanges zu erhöhen, die dem Texte entsprechenden Gefühle den Gläubigen einzuflößen, ihre Herzen zu andächtiger Erwägung der religiösen Wahrheiten zu stimmen, und zur Liebe Gottes und der göttlichen Dinge zu erheben.«[6] Dieser Ton ›erlaubt‹ eigentlich jeden musikalischen Geschmack, sofern er Ansporn zu Frömmigkeit war und die liturgischen Worte zugänglich machte. Michael Haydn schrieb in Salzburg strenge Kirchenmusik, sein Bruder Joseph für den Fürsten Esterhazy hingegen schillernde Orchestermessen; in Bruckners St. Florian erklang am einen Sonntag eine Messe von Palestrina und am nächsten eine Mozart-Messe. Solche Spielräume immerhin bot die Praxis.

Forderungen nach einer Reform der Kirchenmusik, namentlich die Beschränkung auf den einstimmigen Choral und auf unbegleitete Vokalmusik, blieben aber präsent und nahmen in Bruckners Jahrhundert eine neue Dimension an. Ursache dafür war nicht etwa stärkerer institutioneller Druck; vielmehr gaben neue Bedingungen an der Basis den Mahnungen wieder Nahrung.[7] Mit der Aufhebung der Klöster und geistlichen Fürstentümer im Zuge der Säkularisation verschwanden vielerorts die Stätten festlicher Kirchenmusik; zudem standen die Techniken und Moden der Kunstmusik dem Bedürfnis nach einem zeitlosen liturgischen Ausdruck entgegen. Der Historismus lieferte mit Neuausgaben alter Kirchenmusik das Material für Diskussionen um die ›wahre‹ Kirchenmusik und unterfütterte die Fiktion eines goldenen Zeitalters der Kirchenmusik zur Zeit Palestrinas, als Kunst, Leben und Gottesdienst eine scheinbar harmonische Einheit bildeten. In Deutschland mündete diese Entwicklung in den sogenannten Cäcilianismus: Der 1868 gegründete Allgemeine Cäcilienverein wandte sich gegen alles, was den Kirchenbarock musikalisch ausgezeichnet hatte: Instrumentalmusik, kompositorische ›Künstelei‹, liebliche Melodien, Affekt und Wortausdeutung, Tänzerisches und Weltliches. Die Reformideen waren nicht neu, jetzt aber wurde ernst gemacht, denn der Cäcilienvereins-Katalog publizierte einen Index erlaubter Kompositionen. In Österreich, wo die Traditionen der Kirchenmusik noch gepflegt wurden oder wieder auflebten, hatte der Cäcilianismus einen schwereren Stand. In Konkurrenz zu diesem gründete Johann Evangelist Habert den Österreichischen Cäcilienverein (ÖCV), der eine gemäßigtere Haltung vertrat. Die Musik der deutschen Cäcilianer bespottete Habert als »Katalogmusik«: »Mozart, Haydn und Beethoven werden noch lange leben und auf dem Platze sein, wenn man von gar manchem cäcilianischen Werke trotz *placet* nichts mehr wissen wird.«[8] In Bruckners Heimat St. Florian zog der Reformgeist mit Ignaz Traumihler ein, der nach einem ersten einjährigen Versuch im Jahre 1842 sein Amt 1852 antrat, also noch zu Bruckners Florianer Zeit. Zunächst ein Anhänger der gemäßigten Richtung, schloss sich Traumihler schließlich dem deutschen Cäcilienverein an. Sein Nachfolger Bernhard Deubler war wieder den Gemäßigten zugeneigt. Bruckner machte aus seiner ablehnenden Haltung keinen Hehl. In einem Brief distanziert er sich vom »strengen Verein« und zitiert stolz (dabei überraschend ironisch), dass der berüchtigte

Wiener Kritiker Eduard Hanslick ihn als »Anarchisten« bezeichnet habe: »Meine Anschauungen divergieren nur zu weit von der strengen Richtung«, so Bruckner.[9] Ohne Auswirkung blieben die Reformströmungen aber auch bei Bruckner nicht. Dem Cäcilianer Traumihler widmete er ein strenges *Os justi*, die Cäcilianer publizierten sein *Pange lingua*, in der e-Moll-Messe finden sich Anklänge an den alten Stil. Es sind dies die Ausnahmen, die die Regel bestätigen, und diese Regel war bei Bruckner alles andere als cäcilianisch: Mit seinem Orchester, seinem bildreichen Klang und seinen Fugen stand Bruckner in der Tradition des Kirchenbarocks. Er erweiterte die Musiksprache der Messen Beethovens und Schuberts um die harmonischen und orchestralen Mittel Wagners, die er mit vereinzelten Archaismen vorbarocker Musik kontrastierte. Bruckners Kirchenstil war der »dramatische«, wie Zeitgenossen formulierten, die sich bei Bruckners Kirchenmusik mitunter in einer christlichen Oper wähnten. Dass die Cäcilianer Anton Bruckner posthum zu einem der Ihren, zum »Palestrina des 19. Jahrhunderts«, machten, verkehrte die Sache ins Gegenteil, denn die cäcilianischen Verdikte lesen sich geradezu wie eine Beschreibung der Messen Bruckners: »Diese Musik will blos die Zuhörer ergötzen und selbst glänzen«, geißelte Ignaz Hülsmann 1869 die neuere Kirchenmusik: »Daher diese Effekthascherei durch chromatische Bewegungen, auffallende Wendungen in der Melodie, frappante Wechsel in der Harmonie und öfters schnelles Ausweichen nach fernliegenden Tonarten; daher die vielen Solopartthien und der häufige plötzliche Übergang zu Gegensätzen in Dynamik und Tempo. … Ja Leidenschaftlichkeit, Weltschmerz, Verzweiflung, Sinnlichkeit, ausgelassenen

Jubel drückt sie überall aus, oft in den grellsten Contrasten, wo sich nur im Text irgend eine Veranlassung dazu findet.«[10] Bruckner sah keinen Anlass für ein schlechtes Gewissen, denn die Devise »Zur höheren Ehre Gottes« nahm er stets ernst. Mit der päpstlichen Forderung, der Sinn der Worte solle den Zuhörern eingeflößt und die Seele der Gläubigen zur Liebe der göttlichen Dinge angespornt werden, durfte sich auch Bruckner im Einklang fühlen.

Liturgische Texte und ihre Vertonung

Die im engeren Sinne liturgischen Texte, also die Texte des offiziell geregelten Geschehens im Gottesdienst, insbesondere die Texte der Messe und des Stundengebets, waren bei den Katholiken ausschließlich lateinisch. Sie wurden nicht von der Gemeinde gesprochen – wie auch? Nicht einmal sämtliche Lehrer und Kirchenmusiker beherrschten das Lateinische. Im feierlichen Hochamt, der *Missa cantata*, vertrat ein Chor die Gemeinde und sang einzelne Texte der Liturgie im einstimmigen Choral. »Nicht die Gemeinde, nicht das Volk, sondern nur der Chor hat nach kirchlicher Praxis im Hochamte zu singen«, heißt es in einem Leitfaden von 1868. Auch Laien durften den Chor bilden: »Er vertritt die Gemeinde im Gesange, wie die Ministranten sie vertreten am Altare.«[11] Für die Komponisten relevant waren allein jene Texte, die im Hochamt dem Chor zukamen, nicht aber die Texte, die der Priester betete oder mit denen die Ministranten antworteten. Diese relevanten Texte konnten, wenn nicht als Choral, auch mehrstimmig gesungen

werden, wenn die entsprechenden Kräfte zur Verfügung standen; und hier kamen die Komponisten ins Spiel.
Die wichtigsten Texte für die Komponisten waren die Texte der Messe. Sie erfuhren in der Musikgeschichte die meisten Vertonungen. Liturgisch bezeichnet der Begriff »Messe« den eucharistischen Gottesdienst, in der Musikgeschichte versteht man darunter die Vertonung der gleichbleibenden Texte des Gottesdienstes, das sogenannte Ordinarium (von lat. »das Regelmäßige, Wiederkehrende«). Es sind dies vor allem Kyrie, Gloria, Credo, Sanctus, Benedictus und Agnus Dei. Aus praktischer Sicht war der Vorteil von Ordinariums-Kompositionen, dass sie sich unabhängig von Zeit und Ort überall verwenden ließen, was wiederum ihrer Verbreitung zuträglich war und die Arbeit lohnte. Die Kehrseite war jedoch, dass sich diese Messen für einen Anlass oder einen Auftraggeber nicht so einfach individualisieren ließen; dafür eigneten sich besser Vertonungen von Messtexten, die nach Anlass und Jahreszeit wechseln – das Proprium (von lat. »das Eigentümliche«). Dazu gehören Introitus (Einzug), Graduale und Alleluja (zwischen Lesung und Evangelium), Offertorium (zur Gabenbereitung) und Communio (zur Kommunion), wobei Graduale und Offertorium bevorzugt vertont wurden.
Im Verlauf eines Hochamts wechseln sich Ordinarium- und Proprium-Gesänge mit den weiteren Bestandteilen der Liturgie ab. Die einzelnen Teile einer komponierten Messe erklingen im Hochamt – anders als im Konzert – also nicht in Zusammenhang, sondern von weiterer Musik und von Riten unterbrochen. Die Kirchenmusikordnung von 1828 schildert diesen Ablauf: Beim Einzug blasen Trompeten und Pauken eine »Intrada« als Zei-

chen des Anfangs, es folgt der Introitus als einstimmiger Choral, ersetzbar durch ein Orgelvorspiel. Dann singt der Chor Kyrie und Gloria. Letzteres stimmt der Priester an, der Chor setzt erst mit den Worten »et in terra pax hominibus« ein. Nach dem Gloria pausiert die Musik und macht der Lesung Platz. Daraufhin singt der Chor ein Graduale, gefolgt von Alleluja und Evangelium, dessen Ende wiederum eine »Intrada« der Pauken und Trompeten verkündet. An dieser Stelle erlaubt die Kirchenmusikordnung ein volkssprachliches Predigtlied der Gemeinde, gefolgt von der Predigt, für die der Priester in größeren Kirchen die Kanzel besteigt, um sich verständlich zu machen. Es folgen das Credo, wiederum vom Priester angestimmt, und das Offertorium. Für das Sanctus und das Benedictus sowie für die Wandlung mit Erhebung der Hostie (die Elevation) gab es zwei verschiedene Praktiken. Sanctus und Benedictus konnten zusammenhängen oder auch die Wandlung umrahmen: »Das Sanctus wird gesungen nach der Präfation bis zum Benedictus; alsdann und nicht früher wird das heilige Sakrament erhoben, und der Chor schweigt; nach der Elevation wird das Benedictus gesungen. [...] Sollte das Benedictus vor der Consecration gesungen werden, kann bei der Elevation oder vielmehr nachher *Tantum ergo* oder eine Sakramentsantiphon gesungen werden.«[12] Am Schluss der Messe standen Agnus Dei und Communio, letztere nur selten vertont, zum Beispiel in der Totenmesse.

Da eine komponierte Messe keine Propriums-Vertonungen enthielt, bediente man sich in der Praxis bei Graduale und Communio anderweitiger Kompositionen als »Einlage«. Nach Möglichkeit sollten es Kompositionen sein, die die liturgisch vorgeschriebenen Texte des Festtags vertonen; aber nicht jede Bibliothek bot Musik für jeden Anlass, so dass man großzügig verfuhr: In Ermangelung einer passenden Komposition erlaubte die Kirchenmusikordnung auch andere Gradualien und Offertorien.[13] Sogar Instrumentalmusik war möglich, wie Mozarts Salzburger Epistelsonaten zeigen, die das Graduale ersetzten. Auch Bruckner verwendete sein eigenes *Ave Maria* einmal als Graduale und einmal als Offertorium, obwohl es in der von Bruckner vertonten Textgestalt weder das eine noch das andere war: Vielmehr gehörte es zu den Texten, die keine bestimmte Position im Gottesdienst hatten. Das gilt auch für die deutschen Texte, die bei den paraliturgischen Anlässen der Volksfrömmigkeit, bei Begräbnissen, Hochzeiten oder sonstigen Feiern an den durchlässigen Grenzen von Kirche, Politik und Zivilgesellschaft erklangen. Die Texte für diese Werke wurden eigens gedichtet oder Gebetbüchern und Bibelübersetzungen entnommen.

Orte, Ensembles, Aufführungspraktiken und Publikum

Bruckners geistliche Musik entstand immer für die musikalische Praxis, für bestimmte Orte und ihre Gottesdienste, für bestimmte Anlässe und Ausführende, deren Bedingungen Bruckner berücksichtigte.[14] Insbesondere bei seinen frühen Kirchenmusikwerken waren die Bedingungen sehr spezifisch und hinterließen Spuren in den Werken. Erst ab der Linzer Zeit schrieb Bruckner Musik, bei der er auch den überregionalen Gebrauch, die Drucklegung und Verbreitung, schließlich sogar die überzeitliche und musikhistorische Dimension seiner Werke ins Auge fasste.

Die Dorfkirche. Der Schriftsteller Adalbert Stifter (1805–1868), ein Zeitgenosse und Landsmann Bruckners, bereiste als Schulrat und Landeskonservator die oberösterreichische Provinz. Er besuchte auch die Wirkungsstätten Bruckners. Vereinzelt kam es zu persönlichen Begegnungen. Bei Stifters Begräbnis dirigierte Bruckner einen Trauerchor. Zwei Jahre vor seinem Tod hatte Stifter in seiner Erzählung *Weihnacht* die Christmette in einer Dorfkirche beschrieben. Die Pflichten des Lehrers und die Bedingungen der Kirchenmusik, wie Stifter sie schildert, waren Bruckner wohlbekannt: »Der Schullehrer, welcher auch Kirchendiener ist, zündet noch jene Kerzen an, welche bis auf den letzten Augenblick hatten warten müssen. Dann geht er in die Sacristei. Auf dem Chore [der Orgelbühne] hallen einzelne Töne der Orgel, der Geige, der Klarinette, wie man sich zusammen zu stimmen sucht. Der Pfarrer verläßt sein warmes Stüblein, und geht durch den Schnee in die Sacristei. Dort wird er von dem Schullehrer mit den kirchlichen Gewändern bekleidet, und es wird sonst alles geordnet, was noch zu ordnen ist. Dann eilt der Schullehrer fort. Der Pfarrer wartet noch, bis der Schullehrer auf dem Chore ist, wo er jetzt in seiner andern Würde als *regens chori* zu wirken hat. Der Pfarrer wartet, daß er bei seinem Hinaustritte in die Kirche von der wichtigen und gesetzmäßigen Musik empfangen werden kann. Endlich tönt das Sacristeiglöcklein, die Ministranten schreiten voran, der Pfarrer geht in die Kirche, und die Musik fällt ein. Es wirken zu ihr so manche zusammen. Der Schullehrer zieht sich zu ihr aus Schülern oder halb erwachsenen Kindern Sänger, und für die Geigen, und für die Klarinetten, und für die Waldhorne, und für die Trompeten, und für die Pauken, und für den tiefen Gesang finden sich immer Freiwillige in der Gemeinde, die der heiligen Töne walten. Und so eingewurzelt ist die Gewohnheit, daß dieselbe Musikbeschäftigung oft vom Vater auf Sohn und Enkel und Urenkel forterbt. [...] Die Orgel aber bleibt regelmäßig der Thronsitz des Lehrers. [...] Die Menschen verlassen die Kirche, und die Musiker sagen im Auseinandergehen: ›Heute war es nicht übel, es hätte in einer Stadt nicht besser sein können.‹«[15]

Ein Zeugnis von dieser Praxis gibt Bruckners »Windhaager« Messe, die mit ihrer Besetzung für Gesang, Orgel und zwei Hörner auf das abgelegene Dörfchen Windhaag zugeschnitten war (S. 37). Der Maler Alois Greil (1841–1902), ein Bekannter sowohl von Stifter als auch von Bruckner, hat eine solche Szenerie 1873 in seinem Bild *Chormusik in einer Dorfkirche* festgehalten, das auch einen Eindruck von der Größe des Ensembles gibt: einzeln besetzte Streicher, wenige Bläser und ein Chor von sechs Kindern.[16] Der Gottesdienst verlief anders als heute, wie Stifter schreibt: »Der Pfarrer feiert in seiner Kirche die heilige Handlung, die Andächtigen sitzen in den Stühlen und lesen bei den vielen Lichtlein ihrer Wachsstöcke in ihren Gebetbüchern, und die auf dem Chore haben ihre Freude, wenn sie einen Gesang der Engel ausdrücken können zur Verkündigung der Geburt des Kindes und wenn sie eine Hirtenweise spielen, um die Hirten auf dem Felde anzudeuten.« Die Gemeinde war an der liturgischen Handlung nicht aktiv beteiligt; musikalische Darbietungen versetzten die Gemeinde also nicht von Aktivität in Passivität – wie man aus Sicht heutiger Liturgie meinen könnte –, vielmehr riss ein Stück Musik die Anwesenden aus ihren Andachtsübungen und verband sie zu einer gemeinsamen Tätigkeit, dem Hören von Musik. Aber Stifter deutet an, wer in der Dorfkirche die größte Freude und das meiste Verständnis für die Kirchenmusik hatte: die Ausführenden selbst.

Die Stiftsbasilika. Die Verhältnisse in der Stiftsbasilika von St. Florian waren von anderer Dimension (Abb. 1). Die barocke Basilika bietet im Schiff mehr als 500 Personen Platz und hat eine Nachhallzeit von über sechs Sekunden (bei Sälen wie dem Wiener Musikverein beträgt sie etwa zwei Sekunden). Orgel und Empore waren größer als auf dem Dorf, die Musiker zahlreicher, die Zuhörer anspruchsvoller. Die Chorherren und die Bürger des Marktfleckens waren gute Musik gewohnt, die erhaltenen Aufführungsverzeichnisse geben ein Bild des Repertoires. An jedem Sonn- und Feiertag erklang im Hochamt eine Orchestermesse, ergänzt durch ein Graduale und ein Offertorium. In einem Gottesdienst erklang häufig Musik von drei verschiedenen Komponisten, da man vom Komponisten der Messe nicht in allen Fällen auch zwei Proprien-Vertonungen hatte, die zum Feiertag passten. So erklang im Jahre 1848 am Namenstag des Florianer Propstes Arneth im Hochamt Beethovens C-Dur-Messe mit dem Graduale *Non in multitudine* in F-Dur von Joseph Eybler (1765–1846) und dem Offertorium *Tremendum* in Es-Dur von Mozart.[17] Am 18. Sonntag nach Pfingsten desselben Jahres – zugleich das Kirchweihfest – waren es nur zwei Komponisten: Der Chor sang Schuberts C-Dur-Messe mit eingelegtem Graduale *Locus iste* und Offertorium *Laetatus sum* von Michael Haydn, dessen Sammlung von Propriums-Kompositionen sich für das ganze Jahr als nützlich erwies. Haydns *Laetatus sum* gehörte explizit zu diesem Sonntag, sein *Locus iste* zum Kirchweihfest. An hohen Feiertagen schlossen sich der Messe noch ein *Te Deum* und manchmal ein *Tantum ergo* (zum sakramentalen Segen) an. In der Vesper am Nachmittag folgte ein *Magnificat* mit *Te Deum*.

Der Platz auf der Orgelempore und die Mittel waren auch hier beschränkt: Das erhaltene Aufführungsmaterial von Bruckners Florianer *Missa solemnis* zeugt von einer kleinen Besetzung: Je zwei Geigenstimmen (aus denen stets zwei Geiger spielen konnten), je eine Stimme für Bratsche, Cello und Bass, so dass maximal 14 Streicher mitgewirkt haben können, vielleicht waren es aber auch nur sieben. Im Chor waren es drei bis vier Ausführende pro Stimme, also insgesamt zwölf bis sechzehn Sänger. Es ergibt sich ein Gleichgewicht von Sängern, Bläsern und Streichern.[18] Auch die Florianer Liturgie der Karwoche und die Gänge in die Gruft bei Begräbnissen und zu Allerseelen prägten Bruckner. Ihre Begleitung waren Kompositionen für Posaunenchor (sogenannte Aequales) und Chorsätze mit Posaunen.

Der Alte Dom zu Linz. Bruckners liturgische Werke der Linzer Zeit erklangen vor allem im Alten Dom. Im Städtchen Linz stand mehr Personal zur Verfügung. Der Männerchor »Frohsinn«, den Bruckner leitete, bestand aus etwa 40 Sängern; für gemischte Chöre zog man einen Damenchor hinzu. Der städtische Musikverein konnte für seine Symphoniekonzerte ein Orchester aus Berufsmusikern und Dilettanten rekrutieren, das Sinfonik von Beethoven, Mendelssohn und Schumann aufführte, im ambitionierten Stadttheater spielte man das zeitgenössische Opernrepertoire, darunter auch Verdi und Wagner.

Die Orgelempore im Alten Dom setzte auch hier der Besetzung eine Grenze (Abb. 2). Vier Stimmen für die erste Geige, drei für die zweite, zwei für die Bratsche, je eine für Cello und Bass sind von der Aufführung der d-Moll-Messe erhalten; je nach einfacher oder doppelter Besetzung pro Pult ergibt sich ein Streichorchester von 11 bis 20 Spielern, hinzu kommen 15 Bläser und ein Chor von knapp 20 Personen. Bei Aufführungen von A-cappella-Werken war der Chor größer besetzt. Bruckners *Ave Maria* erklang als Einlage in eine Messe von Antonio Lotti (1667–1740); hier war kein Orchester auf der Bühne, dafür Platz für einen größeren Chor.

Der Neue Dom zu Linz. Im Mariä-Empfängnis-Dom hat Bruckner seine Musik nie gehört. Begonnen im Jahre 1862, wurde der Neubau erst 1935 fertiggestellt. Bruckners Kompositionen für die Grundsteinlegung und für die Einweihung der ersten Kapelle erklangen auf der Baustelle, das *Locus iste* sang man dann auch innerhalb der kleinen Kapelle mit etwa 90 Quadratmetern Grundfläche (Abb. 4). Zwei Jahrzehnte später waren Altarraum und Kapellenkranz fertiggestellt (Abb. 5); und hier sang man Bruckners *Virga jesse.*

Im Freien. Freiluftaufführungen geistlicher Musik waren keine Seltenheit. Bedingung war der Verzicht auf die Orgel. Dafür stützten Bläser den Chor, so wie bei Bruckners Männerchor *Vor Arneths Grab*, der auf dem Florianer Friedhof mit Posaunen erklang. Wo Chorsinfonik mit Orchester gefragt war, wie bei der Festkantate und der e-Moll-Messe für die Feierlichkeiten auf der Dombaustelle (Abb. 3), verzichtete Bruckner auf die Streicher und begleitete den Chor mit einem Blasorchester, das gewohnt war, im Freien zu spielen. Der Chor war groß besetzt; in Linz haben sich bis auf den heutigen Tag nicht weniger als 152 Chorstimmen erhalten![19] Der Cäcilianer Habert wünschte sich allerdings eine noch größere Besetzung: »Ich möchte diese Messe mit 400 Sängern und in einer grossen Domkirche, nicht im Freien, hören; gewiss würden manche Parthien noch mehr gewinnen.«[20] Das war keine Übertreibung, denn bei den Sängerfesten der Zeit, die für die Gesangsvereine zu den Höhepunkten des Jahres zählten, standen Massenchöre mit hunderten von Sängern auf der Tagesordnung, begleitet von Blasorchestern. Aus den Rezensionen der Freilichtaufführung geht auch ein liturgisches Detail hervor: »Um 11 Uhr wurde sodann in der Capelle von dem hochwürdigen Herrn Bischofe das heilige Hochamt celebrirt, bei dessen Beginne am Giebel der Votivcapelle die Kirchweihfahnen aufgezogen wurden.« Die Musiker aber standen am Eingang der Kapelle. Die Messe wurde drinnen gelesen und draußen gesungen, Musik und liturgisches Geschehen waren entkoppelt, aber das war man gewohnt.

Die Wiener Hofburgkapelle. Bruckners d-Moll-Messe erklang schon bald nach ihrer Entstehung am Ort seiner Träume – in der Wiener Hofburgkapelle. Hier spielten die besten Musiker, die Mitglieder des Hofopernorchesters, aus denen sich auch die Wiener Philharmoniker rekrutierten. Mehr Platz war auch hier nicht, eher weniger. Das Wiener Aufführungsmaterial der f-Moll-Messe erlaubt mit seinen drei Stimmen maximal sechs erste Geigen. In der Praxis sind es vor Ort bis heute nur fünf erste, drei zweite Geigen, je zwei Bratschen und Celli sowie ein Kontrabass (Abb. 6).

Konzertsäle. Kurz nach der erfolgreichen Uraufführung der d-Moll-Messe im Linzer Dom veranstaltete Bruckner eine konzertante Aufführung der Messe im Linzer Redoutensaal, dessen Bühne nicht mehr Platz bot als die Empore im Dom; es dürfte dieselbe Besetzung gespielt haben.[21] Begeistert vom Erfolg der Messe sah Bruckner das nächste Ziel vor Augen, die Hauptstadt: »[Ich] meine am besten wäre es, wenns [der Wiener Kapellmeister] Herbeck für würdig fände, daß es einmal in einem Musikvereins-Concerte als eine Abtheilung gebracht würde.«[22] Zu Beethovens Zeiten war es in Wien noch verboten, eine musikalische Messe im Konzertsaal aufzuführen; er musste seine *Missa solemnis* als Sammlung von »Hymnen« ausgeben. Das hatte sich zu Bruckners Zeit geändert, geistliche Musik in einem »concert spirituel« war selbstverständlich geworden, wenngleich die Aufführung ganzer Messen selten blieb. Höhepunkte im Musikverein und in anderen Wiener Sälen waren noch vor Bruckners Ankunft die h-Moll-Messe von Bach, Beethovens C-Dur-Messe und Liszts »Graner« Messe. Es sollte allerdings einige Jahre dauern, bis sich Bruckners Traum, seine Messe im Musikverein zu hören, erfüllte. Zunächst kamen nur Einzelsätze in gemischten Programmen zur Aufführung, erst 1893 erklang die vollständige f-Moll-Messe im goldenen Saal. Auf einer Bühne, die so groß ist wie der gesamte Redoutensaal in Linz, gab es keine Platzprobleme (Abb. 7). Das *Te Deum* dagegen wurde direkt im Musikverein uraufgeführt und erklang zu Bruckners Lebzeiten nur einmal in einer Kirche. Die Orgel hatte Bruckner »ad libitum« gehalten, um das Werk in Sälen ohne Konzertorgel spielbar zu machen. Auch gegen Konzertaufführungen geistlicher Chöre hatte Bruckner nichts einzuwenden, sie waren in Wien schon lange Brauch. Die Wiener Singakademie ließ 1888 im Musikverein Bruckners *Ave Maria* erklingen, neben weltlichen Chören, der Chor des Akademischen Wagner-Vereins verband Bruckners *Locus iste* mit Gesängen von Liszt, Cornelius und Berlioz. Die Durchlässigkeit von Kirche und Konzertsaal war aber nicht wechselseitig. Geistliche Musik erklang wohl im Konzertsaal, seine Sinfonien aber hat Bruckner nie in einer Kirche gehört.

Religiosität

Das bringt uns zum Abschluss dieser Einleitung zur Frage nach Bruckners persönlicher Religiosität und Frömmigkeit. Die äußerlichen Vorgänge sind unzweifelhaft belegt: Bruckner verbrachte sein Leben in der Nähe von Kirche und Klerus, schon einer frühen Komposition stellte er die Devise »Ad Maiorem Dei Gloriam« (»Zur größeren Ehre Gottes«) voran, besuchte bis zuletzt Gottesdienst und Beichte und notierte seine Gebete im Kalender: Als Abendgebet am 20. März 1882 notierte Bruckner z.B. vier Rosenkränze, 19 Vaterunser, neun *Ave Maria*, viermal das Glaubensbekenntnis und zweimal das *Salve Regina*.[23] Man darf sagen, dass Bruckner ein religiöser Mensch war. Aufgrund von biografischen Tatsachen auf die innere ›Frömmigkeit‹ zu schließen, bleibt aber immer ein heikles und approximatives Verfahren.[24] Dass Bruckner viel Zeit auf das Gebet verwendete, ist klar belegt; andererseits geht hieraus zunächst einmal nur Bruckners Teilhabe an in seiner Zeit weitverbreiteten Frömmigkeitspraktiken hervor, deren skrupulöses Zählen von einem gewissen Leistungsdenken geprägt ist. 1886 erwarb Bruckner den Jubiläums-Ablass. Papst

Leo XIII. hatte das Jahr zu einem außerordentlichen Jubeljahr ausgerufen: Die Ortsbischöfe durften deshalb je drei Kirchen benennen, deren Besuch den Gläubigen den Ablass gewährte. In Wien waren das der Stephansdom, St. Michael und die Liebfrauenkirche bei den Schotten. Am 2. Oktober notierte sich Bruckner: »Abends: erster Kirchbesuch der Michaeler- und Schottenkirche zum Jubilaeum«, am Tag darauf dann »Jubilauems Kirchenbesuch: 1. St. Stephan, 2. St. Michael. 3. Schotten«.[25] Er hielt auch fest, dass er die Fastentage eingehalten hatte, seine Haushälterin kochte ohne Schweinefett, es gab nur Schokoladensuppe, Äpfelzweckerl, Nudeln in Milch, Birnen und Brot. Bei anderen Gelegenheiten ersuchte er den Wiener Erzbischof schriftlich um Dispens vom Fastengebot und ließ sich versichern, auch an Fasttagen Fleisch essen zu dürfen, ja sogar mehrere Fleischspeisen pro Mahlzeit.[26] Solche Dokumente lesen sich eher wie Zeugnisse von Rigorismus, ja Zwanghaftigkeit. Dokumentarisch greifbar ist schließlich auch Bruckners Testament, in dem er Messen für sein Seelenheil stiftete: Dem Stift St. Florian überließ er 3.000 Gulden, von denen jährlich Messen für ihn, seine Eltern und Geschwister gelesen werden sollten.

Was Bruckner bei all dem empfunden hat, wissen wir nicht. Es ist auch nicht überliefert, ob Bruckner die Bibel gelesen hat; theologische Literatur stand nicht in seiner kleinen Bibliothek, lediglich ein *Katechismus* von Johann Baptist Hirscher aus dem Jahre 1844. Seine Mitmenschen erinnerten sich, dass Bruckner beim Angelusläuten den Unterricht zum Gebet unterbrach und auch daran, wie sehr ihn Glaubensdinge bewegten. Durch solche Beobachtungen und Erinnerungen treten einzelne Persönlichkeitszüge hervor, wenngleich diese oft mit jahrzehntelanger Verspätung aufgeschrieben wurden. Schließlich war Bruckner »von Zweifeln und Angst keineswegs unangefochten«.[27] Er stürzte immer wieder in tiefe Krisen, am tiefsten im Sommer 1867, als er sich in die Heilanstalt Bad Kreuzen einweisen ließ. Die Genesung deutete er religiös: »Gott seis gedankt; er hat mich noch errettet.«[28] Zweifel und Ängste blieben dennoch. Zwei Jahre vor seinem Tod hielt der Schwerkranke ein Zitat des Anatomen Joseph Hyrtl fest: »Ist die Seele das Produkt des nach unabweislichen organischen Gesetzen arbeitenden Gehirns, oder ist dieses Gehirn vielmehr nur eine jener Bedingungen, durch welche der Verkehr eines immateriellen Seelenwesens mit der Welt im Raume vermittelt wird?«

Mit Blick auf sein geistliches Werk steht jedenfalls fest: Bruckners Vorstellungskraft und Sprache waren von religiösen Bildern geprägt; und je mehr Bruckner das kompositorische Handwerk beherrschte, desto eindrucksvoller gelang es ihm, die liturgischen Texte in kräftige musikalische Bilder zu übersetzen.

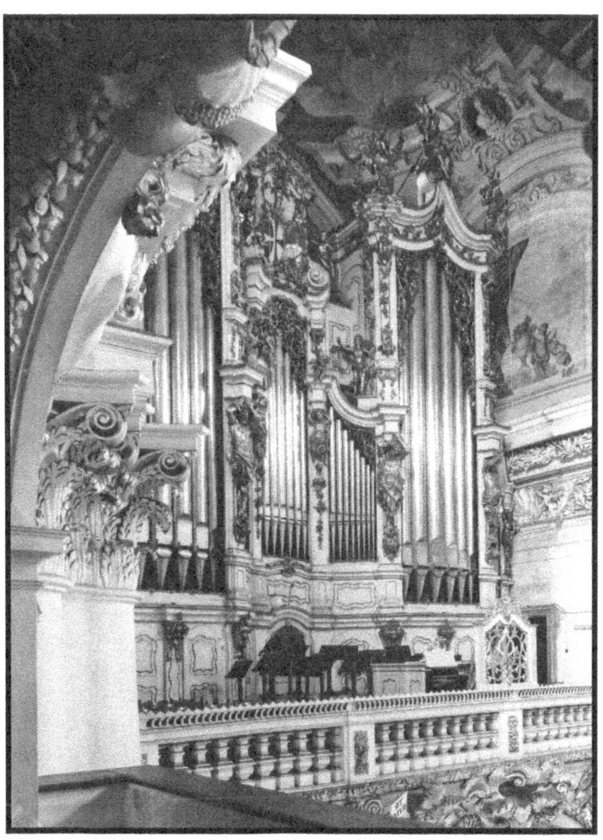

Abb. 1: St. Florian, Orgelempore um 1960

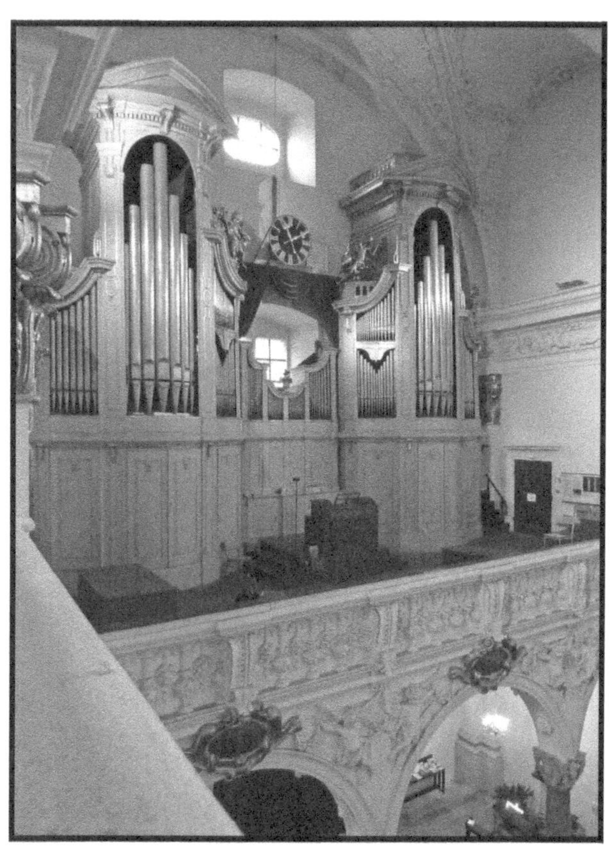

Abb. 2: Linz, Alter Dom, Orgelempore, heutiger Zustand

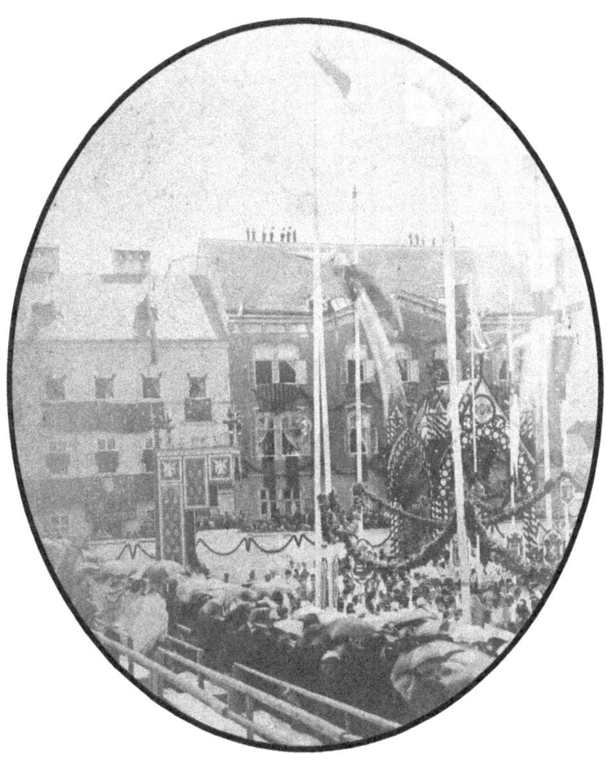

Abb. 3: Linz, Grundsteinlegung für den Neuen Dom, 1. Mai 1862

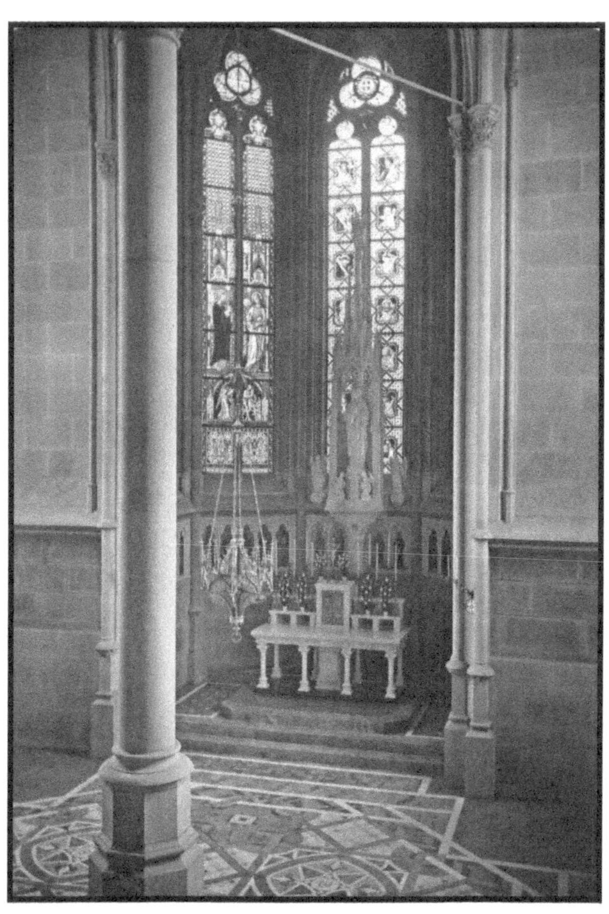

Abb. 4: Linz, Neuer Dom, Votivkapelle, 1870

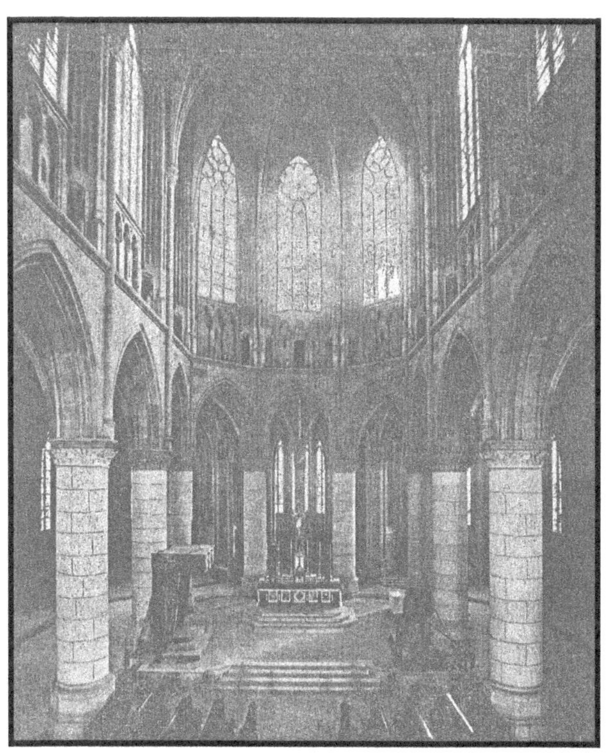

Abb. 5: Linz, Neuer Dom, Chorraum, ganz hinten die Votivkapelle, um 1885

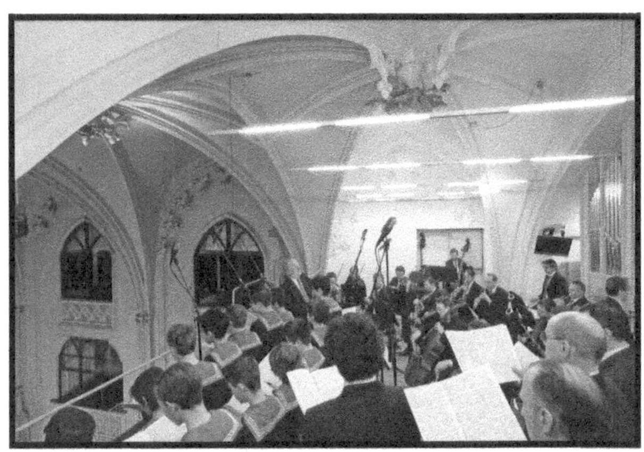

Abb. 6: Chor und Orchester auf der Empore der Wiener Hofkapelle

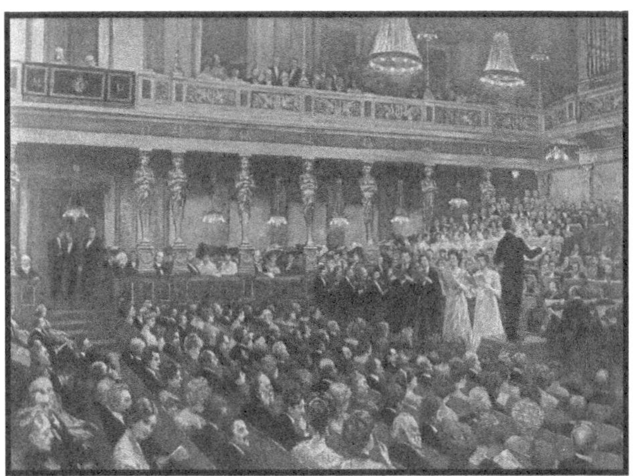

Abb. 7: Jubiläumskonzert der Wiener Philharmoniker im Musikvereinssaal, April 1910, Felix Weingartner dirigiert Bruckners Te Deum *und Beethovens Neunte, links oben der Kaiser in seiner Loge, Gemälde von August Mandlick*

die messen

Bruckners Messen entstanden ausnahmslos innerhalb von zweieinhalb Jahrzehnten: Die erste schrieb er mit 18, die letzte mit 43 Jahren. Sein Interesse an Messkompositionen erlosch mit dem Gang nach Wien im Jahre 1868. Es fehlten danach offenbar die Anlässe, und auch die empfundene Berufung zum Sinfoniker ließ wenig Raum für anderes. Dass die Messen der Florianer und Linzer Zeit auf Bestellung und mit bestimmten Absichten entstanden, schmälert nicht ihren künstlerischen Wert, im Gegenteil. Bruckner lieferte keine Gefälligkeitswerke. Vielmehr legte er in die Messen jeweils alle Mittel seiner Kunst; und diese wurde zunehmend größer.

Anfänge in Windhaag: Messe in C

für Alt-Solo, 2 Hörner und Orgel
entstanden um 1842
Dauer ca. 10 Min

Bruckners Anfänge sind noch unspektakulär. Das gilt auch für seine erste Messe, die er für das Örtchen Windhaag im Mühlviertel schrieb, Bruckners erste Station als »Schulgehilfe«. Die Verhältnisse waren karg, doch der junge Bruckner fand schnell Kontakt zu und Förderung durch die Einheimischen. Für die Schwester eines Müllermeisters, offenbar eine begabte Sängerin, schrieb Bruckner die C-Dur-Messe für Alt-Stimme, zwei Hörner und Orgel, eine damals nicht unübliche Besetzung. Bruckner bezeichnete das Werk als »Choral-Messe«. Sie ist kürzer als eine *Missa brevis* von Mozart. Als Instrumentarium hat man sich neben einer kleinen Kirchenorgel zwei

Naturhörner mit ihrem vollen Klang vorzustellen, wie eine Aufnahme mit der Altistin Cornelia Wulkopf zeigt. Aufführungspraktisch interessant ist der Anfang des Sanctus, wo Bruckner »doppelt Gesang« vermerkt, um zu Beginn des Benedictus wieder »Solo« vorzuschreiben; ein in der Praxis kaum berücksichtigter Hinweis darauf, dass im Sanctus eine verstärkende Stimme hinzutrat.
Es ist erstaunlich, welch innige und einheitliche Stimmung der junge Schulgehilfe seinen bescheidenen Mitteln entlockt: Das Kyrie ist lediglich eine Abfolge von Kadenzen mit merkwürdiger Proportion in der Textverteilung: Auf einen einzigen Kyrie-Ruf folgen fünf Christe-Rufe und dann wieder zwei Kyrie-Rufe. Ob dahinter Absicht und theologische Bedeutung (Hervorheben des Christus-Aspekts) steht, muss dahingestellt bleiben. Warum der Tonarten-Radius in diesem Stück klein bleibt, zeigt sich im Gloria: Die Naturhörner hatten nur einen beschränkten Tonumfang, den die Musik-Amateure auf dem Lande nicht überschreiten konnten. Die Hörner in C bewegen sich in einfachsten Kadenzwendungen in C-Dur; jede Modulation schränkt die Instrumente ein oder bringt sie ganz zum Schweigen. Man sieht das bereits im siebten Takt des Gloria, in dem eine Melodie in den Hörnern unvermittelt abbricht: Den folgenden Ton, das *a*, konnte Bruckner den Hornisten nicht mehr zumuten. Das Credo schlägt einen anderen Tonfall an als Kyrie und Gloria; mit Dreivierteltakt und Achteln im Bass wird das Geschehen bewegter. Aber Tonmalerei oder dramatische Textausdeutung, wie sie so typisch für die späteren Messen Bruckners werden sollten, sucht man hier vergebens. Nicht einmal bei »et incarnatus« oder im »Crucifixus« kommt es zu einem Stimmungswechsel.

Die massiven Textkürzungen führen dazu, dass das Wort Christus (ganz im Gegensatz zum Kyrie) im Credo kein einziges Mal ausgesprochen wird; auch der Heilige Geist kommt nicht vor. Dies schließt große theologische Ambitionen des jungen Komponisten vorerst aus.

Das Sanctus kehrt zum schlichten Gestus des Kyrie zurück; die konsequenten ›Hornquinten‹ über mehrere Takte sind ein klangliches Detail, das durch die Naturhörner besonders schön hervortritt. Bemerkenswert ist, was buchstäblich ›zwischen den Zeilen‹ geschieht: Zwischen Sanctus und Benedictus müssen die Hörner die Stimmung wechseln, und das braucht etwas Zeit. Vermutlich wurden die Stücke nicht direkt nacheinander gesungen, sondern von der Elevation unterbrochen. Das Benedictus in Es-Dur, das einzige Stück der Messe, das nicht in C steht und anders gestimmte Hörner benötigt, steht – klanglich entrückt – auf dem Höhepunkt der Messe. Deutlich klingt hier Haydn an. Das abschließende Hosanna fehlt (und lässt sich nicht als Da capo aus dem Sanctus in anderer Tonart übernehmen). Wo die Mittel beschränkt sind, kann die Windhaager Messe, sorgfältig ausgeführt, auch heute noch ihren Zweck als ein Stück schlichter, würdevoller Kirchenmusik erfüllen.

(»Kronstorfer«) Messe ohne Gloria

für vierstimmigen gemischten Chor
entstanden um 1844
Dauer ca. 7 Minuten

In seinen nächsten beiden Messen erweiterte Bruckner den Umfang der Tonarten und der Harmonien – und damit die Möglichkeiten des Ausdrucks. Grund dafür war vor allem die praktische Ausgangslage: In der Windhaager Messe hatten die Naturhörner den Radius beschränkt, in den Messen, die Bruckner an seiner nächsten Wirkungsstätte Kronstorf schrieb, waren keine Instrumente zu berücksichtigen – und auch das hatte praktische Gründe. »Sine gloria« (»Ohne Gloria«) schrieb Bruckner an das Ende des Kyrie der einen Messe. Das deutet eine Aufführung in der Fasten- oder Adventszeit an, während derer das Gloria entfiel und Instrumente nur eingeschränkt verwendet wurden. Ein Credo hatte Bruckner angefangen, dann aber nicht weiterverfolgt. Bleiben vier Stücke in merkwürdiger Tonartenfolge: Kyrie in d-Moll, Sanctus in B-Dur, Benedictus in F-Dur, Agnus Dei in F-Dur.[29] Anders als die Windhaager Messe für Sologesang ist hier ein vierstimmiger Chor vorgesehen, und eine behutsam stützende Orgel ist aufführungspraktisch denkbar.

Das Kyrie reiht hier im vierstimmigen Satz erneut schlichte kadenzierende Phrasen aneinander, gegliedert durch Fermaten wie in einem barocken Choral. Im Sanctus schreibt Bruckner (anders als in der Windhaager Messe) einen zweiteiligen Satz: Die »Sanctus«-Rufe im Adagio werden mit langen, Fermaten-gekrönten Akkorden gesungen, die Harmonik wird allmählich etwas romantischer. Im »Pleni sunt coeli« wird die Musik bewegter, und in den »Hosanna«-Rufen (Septime aufwärts im Sopran, danach Septime abwärts im Bass) klingt der leichte klassische Stil an. Mit vereinzelten pikanten Akkorden überrascht auch das Benedictus. Die merkwürdige Kombination des dunklen d-Moll mit dem tänzerischen Dreivierteltakt findet sich auch in den Messen Haydns, mit welchen Bruckner womöglich in genau dieser Zeit intensiver in Kontakt kam. Auch im Agnus Dei scheint Bruckner experimentiert zu haben: Das mit zweieinhalb Minuten längste Stück der Messe moduliert ausgehend von F-Dur nach Es-Dur und Des-Dur.

Noch einmal Kronstorf: Messe für den Gründonnerstag

für vierstimmigen gemischten Chor
entstanden 1844
Dauer ca. 7 Minuten

»Vierstimmige Choral Messe ohne Kyrie und Gloria für den Gründonnerstag« nannte Bruckner dieses Werk. Darunter setzte er die jesuitische Devise »A.M.D.G.« (»Ad Maiorem Dei Gloriam« – »Zur größeren Ehre Gottes«) und die Unterschrift »Anton Bruckner mp.«, bei der »mp.« für »manu propria« (»eigenhändig«) steht. Anders als die beiden anderen frühen Messen ist dieses Werk exakt datierbar, denn Bruckner fügte später »comp.[oniert] 1844« dazu. Der Gründonnerstag fiel in diesem Jahr auf den 4. April, so dass man diesen Tag als Uraufführungsdatum annehmen darf. Auch hier ist die Musik schlicht und choralartig, dennoch sind im Vergleich zu der anderen Kronstorfer Messe einzelne Auflockerungsversuche durch Imitationen zu erkennen. Bruckner kombiniert in dieser Messe das Ordinarium (ohne seine ersten beiden Teile) mit zwei Propriums-Gesängen für den Gründonnerstag, dem Offertorium *Dextera Domini* und dem Graduale *Christus factus est*, das Bruckner in seinem Leben noch zwei weitere Male vertonen sollte (hierzu S. 107). Das Sanctus ist das gleiche wie in der anderen Kronstorfer Messe, allerdings mit anderem Benedictus in merkwürdiger Tonartenfolge: Auf das Sanctus in B folgt hier ein Benedictus in G (eine Terzverwandtschaft wie in der Windhaager Messe), dann aber ein Hosanna in e-Moll!

Überblickt man Bruckners Mess-Kompositionen aus Kronstorf unter Berücksichtigung der Tonarten (siehe folgende Tabelle), wird der Zusammenhang dieses Komplexes deutlich. Das Sanctus hatte Bruckner selbst von einer Messe in die andere übernommen. Es bietet sich als aufführungspraktische Option für den heutigen Gebrauch an, das Kyrie aus der *Messe ohne Gloria* in die *Messe für den Gründonnerstag* zu übernehmen, die dadurch liturgisch und tonartlich eine Abrundung erfährt.

»Messe ohne Gloria«	»Messe für den Gründonnerstag«
Kyrie (d)	
	Graduale (F)
	Credo (a)
	Offertorium (F)
Sanctus/Benedictus (B/d)	Sanctus/Benedictus (B/G/e)
Agnus Dei (F)	Agnus Dei (d)

Totenmesse für einen Freund und Gönner: Requiem

für Soli, Chor, Orgel und Orchester
entstanden 1849
Dauer ca. 30 Min.

Fünf Jahre liegen zwischen den Messen aus Kronstorf und Bruckners erstem Werk für Chor und Orchester, dem *Requiem*. Bruckner war Mitte zwanzig, als er sich an die Chorsinfonik wagte, ein Spätentwickler im Vergleich mit den Wunderkindern Mozart, Schubert und Mendelssohn. Fünf Jahre nach der ersten Messe steht im *Requiem* mit einem Mal ein Komponist vor uns, der den Gebrauchsstil seiner Zeit nicht nur souverän beherrscht, sondern zu bereichern weiß.
Das Werk entstand in St. Florian, und wie alle Florianer Werke hatte auch das *Requiem* einen Anlass. Bruckner schrieb es nach dem Tod seines Gönners Franz Sailer, der Hofschreiber des Stiftsgerichts in St. Florian, selbstbewusster Bürger und Musikliebhaber war. Das *Requiem* erklang zu Sailers erstem Todestag im September 1849. *Requiem*-Kompositionen sind Vertonungen des Ordinariums und des Propriums der Totenmesse, der *Missa pro defunctis*. Die Bezeichnung *Requiem* leitet sich vom ersten Wort des Introitus ab. Bruckner vertonte aus dem Ordinarium Kyrie, Sanctus/Benedictus und Agnus Dei; Gloria und Credo waren in der Totenmesse nicht vorgesehen. Vom Proprium vertonte Bruckner den Introitus, die umfangreiche Sequenz (das *Dies irae*, für das man üblicherweise auf die Vertonung des Graduale verzichtete), Offertorium und Communio. Bruckners Ensemble war klein, es bestand bei der Uraufführung aus einem

Chor von acht Stimmen (inklusive Solisten), sieben Streichern, drei Posaunen und Orgel. Der Anfang klingt im Vergleich zu den klassisch-romantischen Tönen der frühen Messen mit seinem zweistimmigen Satz über pulsierendem Generalbass barockisierend. Anklänge an Mozarts *Requiem* in der gleichen Tonart sind deutlich. Anders als bei Mozart steht jedoch keine Fuge am Beginn oder im Kyrie (in das der Anfang nahtlos übergeht), sondern ein weitgehend homophoner Satz. Dass sich Bruckners Werk doch auf einer anderen Ebene bewegt als das klassische Meisterwerk von Mozart, zeigt sich im *Dies irae.* Wo Mozart den Text in sechs kontrastierende Nummern mit einer Gesamtlänge von fast 20 Minuten Länge gliedert, schreibt Bruckner einen mehr oder weniger durchgehenden Ablauf von sieben Minuten, bei dem sich zwar Soli und Chor abwechseln, aber auf die großen Ausdrucksschwankungen Mozarts verzichtet wird; heraus sticht lediglich das »Recitativ« des Tenor bei den Worten »judex ergo«. Nach dem *Dies irae* wird es abwechslungsreicher: Das *Domine* beginnt mit einem ausdrucksvollen Bass-Solo, charakteristisch chromatisch absinkend bei der Rede von den Verstorbenen, das der Chor vollständig nachsingt. Der helle Solo-Sopran ruft den heiligen Erzengel Michael an, der die Verstorbenen »in das heilige Licht« führen soll, wieder antwortet der Chor. Ganz anders wieder das folgende *Hostias,* ein vierstimmiger Männerchor mit Posaunenakkorden als Stütze; und wiederum ein neuer Stil im *Quam olim Abrahae,* eine virtuose Doppelfuge mit durchlaufenden Achtelfiguren der Streicher im Stile der Klassik. Im Sanctus überrascht Bruckner mit einem pulsierenden $^{12}/_{8}$-Takt – wie weit entfernt ist das von den Sanctus-Vertonungen der frühen Messen! Eine ganz neue Farbe bringt Bruckner auch im Benedictus; ein Hornsolo, für das einer der Posaunisten das Horn übernehmen musste. Im Choralsatz *Requiem aeternam* am Ende des Werks und im Unisono-Chor *Cum sanctis tuis* findet Bruckner zu musikalischen Ausdrucksformen, die er auch in seinen späteren Messen verwenden sollte. Bruckners *Requiem* ist mehr als eine biografische Kuriosität und durchaus spielens- und hörenswert.

Festmusik zur Vesper: Magnificat

für Soli, Chor, Orgel und Orchester
enstanden 1852
Dauer ca. 5 Min.

Die Vesper ist das Stundengebet am Nachmittag. Zu ihren Texten gehört das *Magnificat,* der Lobgesang Mariens aus dem Lukasevangelium, der in Renaissance und Barock unzählige Vertonungen fand. Noch Mozart und Michael Haydn komponierten Vespern mit *Magnificat,* die als kantatenartige Werke mit Chor und Orchester ihren Messen ähnlich sind. Erst nach 1800 nahm das Interesse am *Magnificat* ab, womöglich spielte in Österreich die Hofverordnung von 1791 eine Rolle, die keine Orchestervespern vorsah: »Vesper wird nur dort, wo ein ordentlicher Chor ist, – choralmäßig und an Festtagen auch mit der Orgel gesungen.«[30] Die Florianer Aufführungsverzeichnisse der Brucknerzeit belegen aber, dass Chor und Orchester an hohen Feiertagen in der Vesper ein *Magnificat* und ein *Te Deum* aufführten. Der Schulgehilfe Bruckner durfte ein *Magnificat* beitragen, das in St. Florian fünf Aufführungen fand: zu Mariä Himmelfahrt und am Weihnachtstag 1852, zu Pfingsten 1853, am Weihnachtstag 1854 und zu Pfingsten 1855; nach Bruckners Weggang fiel es außer Gebrauch. Das kurze Werk ist durchkomponiert, nicht in einzelne Nummern aufgeteilt. Die Rhythmen sind federnd, die Streicher jubilieren mit Sechzehntel-Figuren über dem Unisono-Chor. Das klingt nach den späten Messen Haydns, auch durch die Tonart B-Dur, mit der Reprise des Anfangs bei »sicut erat in principio« und mit der Schlussfuge bei »Amen«.

Festmesse für den Propst: Missa solemnis

für Soli, Chor, Orgel und Orchester
entstanden 1854
Dauer ca. 30 Min.

Missa solemnis war zur Zeit Bruckners ein Gattungstitel. Er bezeichnete eine feierliche Vertonung des Ordinariums im Unterschied zu einer kurzen Messe, einer *Missa brevis*. Bruckners *Missa solemnis* hatte tatsächlich eine Feier zum Anlass. Nach dem Tod von Propst Arneth, zu dessen Beisetzung Bruckner Trauerkompositionen geschrieben hatte (siehe S. 140), wählten die Chorherren den früheren Kanzleidirektor Friedrich Mayer zum Nachfolger, zu dessen Amtseinführung die *Missa solemnis* erklang. Eingelegt wurden das Graduale *Christus factus est* des umtriebigen Organisten Robert Führer (1807–1861) und das Offertorium *Magna et mirabilia* des Mozart-Freundes Joseph Eybler (1765–1846). Auf das Ende der Messe folgte ein *Te Deum* aus der Feder von Johann Gänsbacher (1778–1844). Das liest sich wie ein Potpourri, aber der spätklassische Kirchenstil hält als lingua franca alle Werke zusammen.

Mit B-Dur wählte Bruckner für seine *Missa solemnis* erneut die Tonart der späten Haydn-Messen, deren Klangwelt allenthalben zu hören ist. Aber auch eine eigene Handschrift ist hie und da vernehmbar, etwa beim Gebrauch der Posaunen. Haydn hatte sie in seinen Messen nie verwendet, Mozart nur als Verdoppelung des Chores; Bruckner aber setzt sie als Klangfarbe ein. Er mischt den örtlichen Brauch der Posaunen-Aequales in die *Missa* und schreibt im Credo Trauermusiken bei »passus et sepultus est« (»gestorben und begraben«) und bei »resurrectionem mortuorum« (»die Auferstehung der Toten«). Die *Missa solemnis* ist die erste Messe Bruckners, in der er den Sinn der Worte musikalisch hörbar zu machen versucht. Dafür musste man kein Theologe, nicht einmal ein religiöser Mensch sein; es gab Hand- und Andachtsbücher, die jeden mit der Bedeutung der Messtexte vertraut machten und auch dem Komponisten die Feder lenkten. Das Kyrie solle dem Sinn der Worte gemäß (»Herr, erbarme dich unser«) einen »demüthigen, bittenden Charakter in der Musik ausdrücken«, hieß es in der Kirchenmusikordnung. Dem ist Bruckner stets nachgekommen, schon hier, in der *Missa solemnis*, wenn der Chor am Anfang das Wort »Kyrie« leise flehend ausspricht.[31] Auch das Agnus Dei sollte »andächtig und demütig« sein, das Sanctus hingegen »majestätisch«. Das Gloria sollte die Worte »Ehre sei Gott in der Höhe« in einem »erhabenen, fröhlichen« Charakter darstellen, heißt es weiter. Es war Tradition, in der Mitte des Gloria bei den

Worten »qui tollis peccata mundi, miserere nobis« (»der du trägst die Sünden der Welt, erbarme dich unser«) wieder Flehen und Leid auszudrücken, um bei »quoniam tu solus sanctus« (»denn du allein bist heilig«) zum Tonfall des Anfangs zurückzukehren. Auch Bruckner folgt diesen Traditionen. Vom Credo wurde »erzählender, ernster Charakter« verlangt. Dessen Mittelteil ist die Erzählung von Menschwerdung und Passion (»et incarnatus est« und »crucifixus«). Sie gab Bruckner Gelegenheit zu musikalischen Andachts- und Passionsbildern, und hier war er offenbar in seinem neuen Element. Die Auferstehung (»et resurrexit«) komponierte er als eine wilde Auffahrt, die aus dem klassischen Stil herausfällt.
Aber nicht nur die Textdarstellung nimmt in Bruckners *Missa solemnis* neue Dimensionen an, auch seine kontrapunktische Kunstfertigkeit stellt Bruckner aus; er hatte sie sich durch Studien der Musikbestände der Stiftsbibliothek angeeignet. Eine textlose Studie auf einem Notizblatt dieser Zeit zeigt Bruckners Vorgehen: Er skizziert drei Stimmen untereinander, die gleichzeitig drei durchnummerierte Themen singen, Thema 1 zuoberst, Thema 3 in der Mitte, Thema 2 zuunterst. Im System darunter vertauscht Bruckner diese Stimmen, die Reihenfolge ist nun (von oben nach unten) 2–1–3, im nächsten System schließlich findet sich die Reihenfolge 3–2–1. Das ist der dreifache Kontrapunkt, jedes Thema funktioniert in Kombination mit den anderen Themen als Ober-, Mittel- oder Unterstimme. Aus dieser Skizze wurde die Fuge »et vitam venturi saeculi« am Ende des Credo.
Das Ensemble hat man sich wie beim *Requiem* vorzustellen: etwa zehn Choristen, zehn Bläser (zwei Oboen, zwei Fagotte, drei Posaunen, zwei Trompeten plus Pau-

ken) und wohl auch nicht mehr Streicher (vermutlich nur zwei erste Geigen, sicherlich nicht mehr als vier), hinzu nur noch die Orgel als Continuo-Instrument. Hier gilt schon zu bedenken, was auch für spätere Messen Bruckners zutrifft: Das kleine Ensemble war praktischen Zwängen geschuldet; dem Platz auf der Orgelbühne und dem verfügbaren Personal. Gegen größere Besetzungen hatte Bruckner nichts Grundsätzliches einzuwenden. Die Balance des Klangkörpers war aber ursprünglich auf das Gleichgewicht der drei Chöre (Streicher, Bläser, Gesang) ausgerichtet.

Zukunftsmusik und Linzer Torte: Messe in D

für Soli, Chor, Orchester und Orgel ad libitum
entstanden 1864
Dauer ca. 45 Min.

Zehn Jahre liegen zwischen der Florianer *Missa solemnis* und Bruckners erster Linzer Messe, der Messe in D; zehn Jahre der Metamorphosen. Mit dreißig Jahren war Bruckner Schulgehilfe, Stiftsorganist und Komponist von hochwertiger, aber zeittypischer Musik für den kirchlichen Gebrauch; als Vierzigjähriger war er einer der besten Organisten des Landes und schrieb Kunstwerke, die bis in die Hauptstadt ausstrahlten. In der Messe in D war »alles, oder doch das Meiste, neu«, berichtete der *Linzer Abendbote*. Orchester und der Umfang waren größer, der Komponist eigentlich nicht wiederzuerkennen. Bruckner schrieb jetzt »Zukunftsmusik« der Schule Wagners und Liszts, kontrastierte sie mit Archaismen der alten Musik und pflanzte das alles in den Boden der klassischen Messe. Der Worte Sinn darstellen und die Seele anspornen – dafür standen Bruckner neue Mittel zur Verfügung. »Poetisch« sei diese Musik, schrieb ein Kritiker, »schildernd und malend«.[32] Die *Christlichen Kunstblätter* sahen darin »Bitte, Jubel, Klage, Liebe und Glaube [...] unverkennbar ausgesprochen«.[33] Einzig zur Ehre Gottes hatte Bruckner das Werk allerdings nicht geschrieben. Er dachte an Wien, träumte von einer Stelle am Hof, schmiedete Pläne und wusste, dass eine neue Messe sein Renommee befördern würde. Angesichts solcher Pläne ist es umso erstaunlicher, welche Musik Bruckner erfand. Es waren jedenfalls nicht die Töne, die am Hof mit seinem konservativen Musikgeschmack Erfolg versprachen. Diese Messe war das Bekenntnis eines Musikers, der, jenseits der Lebensmitte, seine Stimme gefunden hatte.

Demütig bittend beginnt das Werk mit dem Kyrie, dem Sinn der Worte gemäß, »im bangen d-Moll«, wie ein Rezensent der Uraufführung schrieb. Streng wirkt dieser Anfang mit Imitationen über einem Orgelpunkt, aber immer weiter ausgreifend in Wagnersche Harmonien und Farben. Auch am Schluss des Kyrie hört man diese Stilmischung, wenn der Chor die letzte Kyrie-Bitte wie eine Choralmelodie in Oktaven singt, während das Orchester seiner eigenen, modernen Weise folgt.

Das Gloria strahlt in D-Dur. Der Name »d-Moll-Messe«, der sich erst nach Bruckners Tod einbürgerte, ist unpassend, auch Credo und Sanctus stehen in D-Dur. Im Gloria wechseln Forte und Piano, »Versenkung und Ekstase« in rascher Folge ab.[34] Bruckner folgt dem Sinn der Worte und den liturgischen Gesten: Die Anrufungen im

Gloria sind mal laute Huldigung (»laudamus te, benedicimus te«, »Domine Deus, rex coelestis«), mal demütige Anbetung und Bitte (»adoramus te«, »gratias agimus tibi«, »suscipe deprecationem nostram«). Letztere waren in der Liturgie von einer Verneigung begleitet, und dafür wechselt Bruckner jeweils ins Piano, wie ein Rezensent bemerkte: »Die Worte *gratias agimus*, *Jesu Christe*, *suscipe deprecationem nostram*, bei welchen der fungirende Priester nach Vorschrift der Liturgie sein Haupt neigt oder entblößt, da ihnen eine hohe Bedeutung zukommt, sind gebührend hervorgehoben.«[35] Die daraus resultierenden, scharfen musikalischen Kontraste irritierten aber selbst wohlgesonnene Kritiker. Dem Werk fehle die »einheitliche Stimmung«, schrieb der Wiener Ludwig Speidel mit einem Seitenhieb auf Bruckners Herkunft: Die Messe zerbröckele »wie Linzer Torte«.[36]

Doppelstriche und Tempowechsel gliedern das Gloria in vier Teile: Allegro am Anfang, ruhig pulsierender Mittelteil bei »qui tollis«, Rückkehr zum Anfangstempo bei »quoniam«, Schlussfuge bei »Amen«. Das Credo folgt einem ähnlichen Plan. Ein mäßig bewegter Dreiertakt steht am Anfang; mit den Worten »et incarnatus est«, bei denen die Anwesenden niederzuknien hatten, beginnt der Mittelteil – langsam, basslos, entrückt nach Fis-Dur, überirdisch –, eine Kniebeuge vor dem Geheimnis der Menschwerdung Gottes. Es folgen kräftige Bilder, mit Bruckners neuen Mitteln packend gezeichnet: Düsternis beim »Crucifixus«, Grabesmusik mit Orgel und Posaunen bei »passus et sepultus est«. Es folgt ein kurzes »Aequale«, die in Linz übliche Begräbnismusik für Posaunenchor (S. 22), bevor Bruckner für die Darstellung der Auferstehung ein Orchesterstück von 28 Takten schreibt: Paukenwirbel, Tremolo, Fanfaren, stürmische Streicherfiguren in Akkordbrechungen, Chromatik und monumentale Steigerung – das kann man sich auch in einer frühen Wagner-Oper oder in einer Bruckner-Sinfonie vorstellen. Mit den Worten »et in spiritum sanctum« kehrt der Anfang wieder, gefolgt von martialischen Figuren der Streicher beim Bekenntnis zur Kirche (»et unam sanctam«). Das klingt wie ein Bild der *ecclesia militans*, der kämpferischen Kirche, die zur Zeit der Entstehung der Messe in stürmischem Fahrwasser war: Liberale und Katholiken standen sich gegenüber, und Anführer der Katholiken war Bruckners Dienstherr, Bischof Rudigier. Am Ende des Credo steht die Vision vom Leben in einer zukünftigen Welt (»et vitam«). Sie beginnt als Säuseln und schwingt sich auf zu einem Blick in den offenen Himmel.

Stufe für Stufe steigt der Chor im Sanctus aufwärts, drei Sanctus-Rufe, immer lauter werdend, drei mal drei Töne auf einer mysteriösen Tonleiter (D-E-Fis; Fis-Gis-A; B-C-D). Bei »Dominus Deus« bricht das ganze Orchester los, der Chor ruft sich das Hosanna zu. Das Benedictus beginnt weihevoll, es markiert den Höhepunkt der Messe, die Wandlung (S. 17). Schon die Klassiker dehnten das Benedictus zu feierlichen Wandlungsmusiken aus und wiederholten dazu beliebig oft den einzigen Satz (»benedictus qui venit in nomine Domini«, »gelobt sei, der da kommt im Namen des Herrn«), und so macht es auch Bruckner. Das Agnus Dei schlägt den Bogen zum Anfang, die Worte »miserere nobis« (»erbarme dich unser«) führen zum Flehen des Kyrie zurück. Ganz am Ende, bei der Bitte um Frieden, rekapituliert Bruckner die Motive der Messe: zunächst die Musik des ewigen

Lebens (»et vitam«) aus dem Credo, dann Passagen aus dem Kyrie, das Fugen-Thema aus dem Gloria in Vergrößerung und schließlich das erste Orchestervorspiel, nun nach D-Dur gewendet. So schließt Bruckner den Kreis um das ganze Werk.

Das Aufführungsmaterial der Uraufführung verrät die Größe des Orchesters: Erhalten sind 19 Chorstimmen, so dass der Chor maximal 38, vielleicht auch nur 19 Sängerinnen und Sänger umfasst haben muss. Im Orchester sind es vier Stimmen für die erste Geige, drei für die zweite, zwei für die Bratsche, je eine für Cello und Bass. Je nach einfacher oder doppelter Besetzung pro Pult ergibt sich ein Streichorchester von 11 bis 20 Spielern, hinzu kommen 15 Bläser. Die Orgel ist ad libitum: In der Fassung der Uraufführung im Dom hatte Bruckner ein kurzes Solo vor »et resurrexit« vorgesehen. Für die zweite Aufführung der Messe im Linzer Redoutensaal, der keine Orgel hatte, wurde die Passage für Bläser instrumentiert. In einem Brief betonte Bruckner noch einen weiteren Nutzen daraus: Die Orgel wegzulassen könne helfen, »weil meistens die Orgeln zu tief sind«.[37]

Ein Werk für Wien: Messe in F

für Soli, Chor, Orgel und Orchester
entstanden 1867/68
Dauer ca. 60 Minuten

Wir verlassen die Chronologie und wenden uns zunächst Bruckners dritter und letzter Linzer Messe zu und stellen dafür die zweite Messe in E als Sonderfall zurück. Die erste und die letzte Linzer Messe gehören zusammen, denn die Messe in F knüpft an die Messe in D an, und das beginnt schon beim Anlass. Drei Jahre nach der Fertigstellung erklang die D-Messe dort, wo Bruckner sie haben wollte: in der Wiener Hofburgkapelle. Die Wiener gaben daraufhin eine neue Messe bei Bruckner in Auftrag, es wurde die Messe in F. Sie verdankt ihre Entstehung also einem Erfolgswerk; für eine Revision des Konzepts bestand kein Grund. Wer aber den Messtext »poetisch« komponierte wie Bruckner, hatte bei jeder neuen Messe ein Problem: Der Text und damit der »Sinn der Worte« blieb der gleiche – wie also neue Musik erfinden? Es ging Bruckner wie einem Komponisten, der zweimal das gleiche Libretto vertont. Er musste entweder den Worten neuen Sinn abgewinnen oder den gleichen Sinn neu darstellen. Die Messe in D war zehn Jahre nach der *Missa solemnis* ein stilistischer Neuanfang gewesen, bei ihr war die Gefahr der Ähnlichkeit noch klein. Die Messe in E, der Sonderfall, ging von einer anderen Ausgangslage, einer anderen Besetzung und Ästhetik aus. Die Messe in F aber folgte dem Modell der Messe in D, und die Ähnlichkeiten sind auffallend. Umso mehr Aufmerksamkeit verdienen jene Stellen, wo Bruckner neue Wege einschlägt:

Mit der Messe in F erweiterte Bruckner erneut die Dimensionen. Seine *Missa solemnis* hatte eine halbe Stunde gedauert, die Messen in D und E dauerten etwa eine Dreiviertelstunde, die Messe in F schließlich mehr als eine Stunde. Sie entstand nach einer Krisenzeit. Den Sommer 1867 verbrachte Bruckner im Kurhaus Bad Kreuzen. Bei Wasserkuren sollte er sich von einem psychischen Zusammenbruch erholen, und nach der Genesung begann er die Arbeit an der Messe. Spielte die überstandene Krise eine Rolle? Vom Leben zum Kunstwerk führt kein direkter Weg: Ein zerknirschtes Kyrie braucht keinen zerknirschten Komponisten, ein weihevolles Benedictus keine persönliche Erleuchtung, denn der »Sinn der Worte« und deren Vertonung war keine persönliche Angelegenheit; jeder konnte das Notwendige in der Kirchenmusikordnung nachlesen. Aber die Dokumente belegen, dass Bruckner sein eigenes Dasein vor dem Hintergrund der christlichen Heilsgeschichte erlebte und stilisierte. Rückblickend hielt Bruckner fest, er habe die Skizze zum Benedictus am »24. Dez. 1867« angefertigt.[38]

Die Stimmung zu Beginn der beiden Messen in D und F ist ähnlich. Beide beginnen mit einem Orchestervorspiel – dunkel, verhalten, grüblerisch. Der »Grundton des Erbarmens«, die »Ausdrucksbewegung des Flehens« ist beiden gemein.[39] Beide beginnen mit Imitationen, also mit der Reihe nach einsetzenden Stimmen, gehüllt in moderne Harmonien. Und doch sind sie unverwechselbar. Bei der Messe in D pulsiert der Bass, bei der Messe in F türmen sich die Streicherstimmen zu weiten Linien geschwungen in die Höhe; bei der früheren Messe setzt der Chor imitatorisch ein, bei der späteren stehen A-cappella-Chöre am Anfang. Beide Messen hellen sich zu Sphärenklängen ohne Bass auf, wo Christus ins Spiel kommt. Auch die Geigen jubilieren hier wie dort, in der Messe in F erklingt sogar ein Violinsolo: ein Solist, ein Einzelner, denn es geht um Gott in Gestalt eines Menschen. Beide Messen kehren nach dem Christusbild mit der Rückkehr der Worte »Kyrie eleison« zur Musik des Anfangs zurück; bei der Messe in D überlappend (erst die Reprise der Worte, dann die Reprise der Musik), bei der Messe in F synchron. Die Gloria-Sätze beginnen unterschiedlich. In der Messe in D lässt Bruckner nach kirchlicher Vorschrift den Priester die Intonation »gloria in excelsis Deo« singen, in der Messe in F den Chor. Ein kirchenmusikalischer Leitfaden aus dem Jahre 1869 bezeichnet diese Praxis als »unkirchlich«, doch dürfte das mehr ein Aufruf als eine Beschreibung der Praxis gewesen sein; viele Komponisten (Haydn, Mozart, Beethoven, Schubert) haben die Intonation dem Chor anvertraut. Beim Wechsel der Bilder in den folgenden Textzeilen gleichen sich die Abläufe der beiden Messen: leises »et in terra« über laufendem Bass, lautes Lob bei »laudamus«, ein Piano bei »adoramus« (Verneigung), wieder laut bei »glorificamus«, reduzierte Besetzung bei »gratias«, Fortissimo bei »propter magnam« und »Domine Deus«, Erreichen des Mittelteils bei »qui tollis«, Reprise bei »quoniam«, Doppel- bzw. Tripelfuge bei »Amen«. Im Mittelteil (»qui tollis«) aber unterscheiden sich die Werke, ähnlich wie im Kyrie, denn auch hier setzt Bruckner in der Messe in F auf A-cappella-Chorsätze.

Das Credo beginnt – wie schon das Gloria – mit einer aufwärts durchschrittenen Terz (C-D-E), felsenfest unterlegt mit Paukenschlägen. Dieses Credo-Motiv taucht im Verlauf mehrfach auf, markiert mit seinen drei Auftritten Gottvater (»unum Deum«), Sohn (»unum Dominum Jesum Christum«) und den Heiligen Geist (»Spiritum Sanctum«). Der Mittelteil mit seinen Weihnachts- und Passionsbildern ließ wenig Raum zur Neudeutung, umso erstaunlicher deren unterschiedliche Gestaltung. Das Solistische ist auch hier – wie im Kyrie – gegenüber der Messe in D intensiviert mit Sologeige und Solotenor. Durchgehende Achtel verwendet Bruckner in beiden

Werken, hier ruhig wogende Streicher (Messe in D), dort pulsierende Bläser (Messe in F); bei »et homo factus est« in der Messe in D (einmal umgekehrt) ein Choral, in der Messe in F nur ein geheimnisvolles Raunen der Einzelstimmen; in der Messe in D bei »crucifixus« eine wild bebende Kreuzigungsszene, in der Messe in F ein kontemplatives Bild im Synkopenrahmen. Bei der Begräbnis-Szene (»passus et sepultus est«) gleichen sich die Bilder: A-cappella-Chor und Posaunen-Aequale. Nur auf das Orgel-Solo verzichtet Bruckner bei der späteren Messe von vornherein, er hatte es schon bei der Messe in D aus praktischen Gründen wegretuschiert. Auferstehungsbeben und die Posaunen des Jüngsten Gerichts finden sich in beiden Messen, danach aber wieder ein Unterschied: Das »Cuius regni non erit finis« (»dessen Herrschaft kein Ende sein wird«) war in der Messe in D eine majestätisch musikalische Herrschaft-Schilderung. Dieser Tradition folgt Bruckner zunächst auch in der späteren Messe, fügt aber noch einen Abschnitt hinzu. Die Musik dehnt sich unter einem lang gehaltenen Ton der Holzbläser bis »an den Grenzpunkt des Statischen« und öffnet sich zu einem Raum, »der eine andere Welt vorscheinen lässt«[40] – eine Öffnung, in die der Bass die Worte »non erit finis« noch einmal geheimnisvoll hinausflüstert. Auf die Dramatik des Jüngsten Gerichts folgt in der Messe in F ein Blick in die »Unermesslichkeit« am Ende der Zeiten.[41] Beide Credo-Sätze kehren mit den Worten »et in Spiritum Sanctum« zum Anfang zurück, in beiden bringt Bruckner bei »qui cum Patre« das Solistenquartett, bei »simul adoratur« wieder den Chor im Piano, dann die kämpfende Kirche. Bei »mortuorum« verwendet Bruckner sogar die gleiche Tonfolge des leisen Unisono-Chores: C-H-B-A in der Messe in D, C-H-B-As in der Messe in F. Die Vision vom jenseitigen Leben gliedert Bruckner bei der F-Messe durch die »Credo, Credo«-Rufe, die laufend wiederholt werden. Sie sind als alleinstehende Rufe (»Ich glaube!«) zu verstehen, denn syntaktisch ergäbe sich ein falscher Zusammenhang, der allerdings schon die Komponisten des 18. Jahrhunderts nicht gestört hat: Der Halbsatz »et vitam venturi saeculi« knüpft an das Verb »exspecto« (»ich erwarte«) an, nicht an »credo«.

Im Benedictus berühren sich – ein heikles Thema – Kirchenmusik und Sinfonik. Ein altes Klischee, offenbar unsterblich, macht aus Bruckners Messen »Sinfonien mit Gesang«, aus seinen Sinfonien »Messen ohne Worte«. Was das bedeuten soll, bleibt unklar. Bruckners Messen folgen Wort für Wort und Geste für Geste den liturgischen Texten und ihren Kontexten. Was daran soll sinfonisch sein, abgesehen vom Sinfonieorchester? Die Sinfonien folgen dem Formenkanon der klassischen Instrumentalmusik, was daran soll eine Messe sein, abgesehen von einzelnen choralartigen Passagen?

Solch geflügelte Worte sind Symptome der Ratlosigkeit angesichts der Tatsache, dass der fromme Bruckner mit vierzig Jahren aufhörte, Messen zu komponieren, und der zum Sinfoniker berufene Bruckner vierzig Jahre lang auf diese Berufung ›warten‹ musste. Bruckners Sinfonien sind keine Messen, und seine Messen sind keine Sinfonien. Und doch waren Kirchenmusik und Sinfonik für Bruckner nicht hermetisch abgegrenzte Bereiche, sie teilen vielmehr musikalisches Material, und das zeichnet Kirchenmusik wie Sinfonik aus. Solche Überschneidungen gehen bis zu Zitaten, über deren Bedeutung aber im Einzelnen wenig bekannt ist. Im Benedictus der Messe

in F bekommt die Sache einmal Hand und Fuß. Die musikalische Form des Benedictus ist sinfonisch. Seit der Klassik war es üblich, dem textarmen Benedictus die Form einer Sonate ohne Durchführung zu geben; den Text wiederholte man dazu nach Belieben. Bruckner kannte dieses Vorgehen zumindest aus dem *Requiem* von Mozart/Süßmayr und aus Beethovens C-Dur-Messe. In Bruckners Benedictus verläuft die Sonate ohne Durchführung wie folgt: Orchestervorspiel, Hauptthema in As-Dur beim Einsatz des Chores, Seitenthema in Es-Dur bei Buchstabe B, erweiterte Reprise des Hauptthemas ab Buchstabe D, in die Grundtonart transponierte und verkürzte Reprise des Seitenthemas ab Takt 104. Mit dieser Form experimentierte Bruckner zur Zeit der Messe in F auch in seinen sinfonischen Adagios, etwa im Adagio der Zweiten, er schrieb es während der Vorbereitungen zur Uraufführung der Messe.[42] In diesem Adagio zitiert Bruckner zwei Mal aus dem Benedictus. Hier also ist die Form des Mess-Satzes tatsächlich sinfonisch, und in der Sinfonie klingt wirklich die Messe an.
Auch in der Messe in F schlägt Bruckner bei den letzten Worten, bei der Bitte um Frieden (»dona nobis pacem«), einen Bogen um das ganze Werk. Der ganze letzte Abschnitt greift auf das Kyrie zurück, vom flehenden f-Moll ins friedliche F-Dur gewendet. Noch einmal klingt das Fugen-Thema aus dem Gloria an. Auch das ist eine Beziehung zu den Sinfonien, wo Bruckner in den Finalsätzen stets Material der ersten Sätze anklingen lässt. Zwar hatte es in der Kirchenmusik Tradition, im »Dona nobis« das Kyrie anklingen zu lassen, doch Bruckner beschließt den gesamten Mess-Zyklus mit Zitaten aus mehreren Sätzen.

Wie groß (bzw. wie klein) Bruckners Ensemble für die f-Moll-Messe bei den meisten liturgischen Aufführungen zu Lebzeiten war, lässt sich leicht nachvollziehen; ein Blick auf die enge Orgelbühne der Wiener Hofkapelle (Abb. 6) genügt. Drei Stimmen für die erste Geige sind erhalten, es können also maximal sechs erste Geiger gespielt haben, vermutlich weniger. Bei späteren Aufführungen im goldenen Saal des Musikvereins dürfte das Orchester deutlich größer gewesen sein.

Der Neue Dom: Messe für Doppelchor und Harmoniebegleitung (»e-Moll-Messe«)

für Chor und Blasorchester
entstanden 1866
Dauer ca. 45 Minuten

An die *Messe für Doppelchor und Harmoniebegleitung* trauen sich heute kaum noch Laienchöre, gilt sie doch als Bruckners schwierigste Messe. Bei der Uraufführung im Jahre 1868 gelang den tüchtigen Bürgern von Linz nach wochenlanger und schweißtreibender Probenarbeit eine nicht makellose, aber respektable Aufführung. Noch heute wird diese Messe jeden Chor belohnen, der die Mühe nicht scheut und den Perfektionismus zur Seite legt. Dass sie mit ihrem kleinen Blasorchester von 15 Instrumenten (je zwei Oboen, Klarinetten, Fagotte und Trompeten sowie vier Hörner und drei Posaunen) deutlich kostengünstiger ist als die Orchestermessen, sei nur am Rande erwähnt. In Linz begleitete eine Militärkapelle über 100 Choristen. Diesen gewaltigen Klang versuche man sich vorzustellen; er war natürlich weit entfernt vom ›schlanken‹ Sound heutiger Profi-Ensembles in kleiner Besetzung.

Schon der Name zeigt an, dass die *Messe für Doppelchor und Harmoniebegleitung* eine Sonderrolle spielt. Die übliche, aber posthume Bezeichnung der Linzer Messen als »d-Moll«, »e-Moll« und »f-Moll« verdeckt diese Sonderrolle und den Tonartenplan des Werks. In e-Moll stehen nur das Kyrie und der Anfang des Agnus Dei; Gloria, Credo und Benedictus stehen in C-Dur, das Sanctus in G-Dur. Die Messe war ein Auftragswerk des Linzer Bischofs Rudigier. Nachdem Papst Pius IX. 1854 das Dogma der Unbefleckten Empfängnis Mariens verkündet hatte, rief der Linzer Bischof den Neubau eines Domes aus. Es sollte der neugotische Mariä-Empfängnis-Dom werden, die größte Kirche Österreichs. Als 1866 die Fertigstellung einer ersten Kapelle in Aussicht stand, bestellte der Bischof bei Bruckner eine Messe für die Einweihung. Zu dieser Zeit fiel Bruckners Aufmerksamkeit auf eine Messe des Wiener Hofkapellmeisters Johann Herbeck, die von der Presse wohlwollend aufgenommen wurde. Die Messe war ein eigenartiges Werk, das verschiedene Stile verband. Der Kritiker Eduard Hanslick fand Gefallen daran: »Verständnis der alten Italiener« und »gegenwärtige Instrumentalmusik« sah Hanslick in der Messe »zu stilvoller Einheit verschmolzen«.[43] Ein anderer Kritiker lobte den »Eklektizismus« Herbecks und das Bestreben, »die Objektivität der geschlossenen Vocalmessen [...] mit der freiesten Chromatik und Enharmonik des 19. Jahrhunderts« zu »amalgamiren«, wobei mit »Vocalmessen« A-capella-Messen gemeint waren.[44] Das scheint Bruckner motiviert zu haben, es selbst zu versuchen. Äußerliche Ähnlichkeiten seiner Messe zu Herbecks Werk sind deutlich zu erkennen: Beide Werke sind achtstimmig mit einem Anfang in e-Moll. Der Klang der Werke aber ist grundverschieden – kein Wunder, denn Bruckner kannte die Messe Herbecks nur vom Hörensagen und war überdies der originellere Komponist. Auch Bruckner verbindet in seiner Messe Altes und Neues, treibt die Sache aber ins Extrem. Von moderner Wagner'scher Harmonik war Herbecks Messe weit entfernt, und auch beim Alten war Bruckner radikaler.

Das Kyrie beginnt bei Bruckner ganz ohne Begleitung, a cappella. Die Begleitung durch die Instrumente sei »unobligat«, also wegzulassen, vermerkt Bruckner ausdrücklich bei den wenigen Tönen, mit denen das Blasorchester als aufführungspraktische Hilfe unterstützend zum Chor tritt. 120 Takte Gesang für Doppelchor – schon das ist eine Referenz an die alte Musik. Darüber hinaus lässt Bruckner die Stimmen der Reihe nach einsetzen, am Anfang im Abstand einer leeren Quinte, auch das ein Archaismus. Und doch ist nichts in diesem Kyrie wirklich alter Stil: Bereits in den ersten Takten erklingen Dissonanzen und Harmonien, die nur in Bruckners 19. Jahrhundert gehören. Bruckner gelang ein einzigartiger Hybrid: alt in der kargen vokalen Achtstimmigkeit, neu in den harmonischen Klängen. In Sanctus und Benedictus erklingen diese Welten der Reihe nach: Im Sanctus verwendet Bruckner ein Motiv aus Palestrinas 300 Jahre alter *Missa brevis* und steigert es zu einer monumentalen achtstimmigen Architektur. Hier wird eine Wirkung hervorgebracht, so ein Zeuge der Uraufführung, »als sängen nicht 8, sondern 100 Stimmen das dreimal Heilig, und man wird unwillkührlich an die Chöre der Engel erinnert. Das ist ein 8stimmiger Satz, vor dem man Respeckt haben muß; da kann man von Kontrapunkt reden!«[45] Das folgende Benedictus aber schwelgt in Wagnerschen Klängen, auch wenn sie im Gewand des Blasorchesters weniger farbig schillern als im Sinfonieorchester.

Die beiden textreichen Sätze der Messe, Gloria und Credo, sind jenen der beiden anderen Linzer Messen ähnlich. Was für die Messe in F gilt, lässt sich unverändert zitieren: leises »et in terra« über laufendem Bass, lautes Lob bei »laudamus«, plötzliches Piano bei »adoramus« (Verneigung), wieder laut bei »glorificamus«, reduzierte Besetzung bei »gratias«, Fortissimo bei »propter magnam« und »Domine Deus«, Erreichen des Mittelteils bei »qui tollis«, Reprise bei »quoniam«, Doppel- bzw. Tripelfuge bei »Amen«. Auch im Credo gleichen sich die Messen in E und F: dreifaches Auftreten des Hauptmotivs bei Gottvater, Sohn und Heiligem Geist, ruhiger und bassloser Klang bei »et incarnatus«, synkopiert bewegte Rhythmen unter dem »crucifixus«, Aequale bei »sepultus est«, Erdbeben bei »et resurrexit«, Ruf der Trompeten und Posaunen bei »et iterum«, ein Unisono über bewegtem Untergrund beim Bekenntnis zur Kirche (»et unam«), nochmal Grabesmusik bei »mortuorum« und verklärte Sphärenmusik bei »et vitam«. Auch der finale Bogenschlag zum Anfang fehlt nicht, die letzten Takte des Agnus zitieren den Schluss des Kyrie.

Die Messe für Doppelchor ist Bruckners einzige Messe, die in der Bruckner-Gesamtausgabe in zwei Fassungen vorliegt, nämlich in der ersten Linzer Fassung von 1866 und in einer überarbeiteten Wiener Fassung von 1882: Sie unterscheiden sich allerdings nur in kaum vernehmbaren Details. Die Überarbeitung entstand nicht mit

Blick auf eine erneute Aufführung. Vielmehr aus prinzipiellen Gründen sah Bruckner seit den 1870er-Jahren seine früheren Werke durch und überprüfte ihre Taktgruppenstruktur. »Wissenschaftlich« im Sinne seines verstorbenen Lehrers Simon Sechter waren für Bruckner nur geradzahlige Taktgruppen, also Abfolgen von Viertaktgruppen und Achttaktgruppen. An vereinzelten Stellen der früheren Fassungen hatte Bruckner diese Regel nicht berücksichtigt. 1882 nahm er sich die Partitur vor und korrigierte diese Stellen, zum Beispiel im Instrumentalvorspiel des »qui tollis«. Fünf Takte lang spielen dort die Hörner in der ursprünglichen Fassung. Durch Verlangsamung und Ausdehnung eines Taktes erweiterte Bruckner die Passage auf sechs Takte – immerhin geradzahlig. Das war mindestens ein Spleen, wenn nicht eine fixe Idee. Kontroll- und Zählzwang waren seit der Krise von 1867 Symptome von Bruckners angeschlagenen Nerven. Die aus seiner Sicht wissenschaftliche, regelhafte Fundierung seiner Werke beobachtete Bruckner obsessiv. Eine Stelle in der Messe für Doppelchor jedoch änderte Bruckner nicht; sie gibt einen seltenen Einblick in Bruckners theologisches und kompositorisches Denken: Ebenfalls im Gloria, bei den Worten »quoniam tu solus sanctus, tu solus Dominus, tu solus altissimus«, lässt Bruckner eine Siebentaktphrase stehen. Nach diesem Siebentakter erklingen unvermittelt (weil nach Bruckners System einen Takt zu früh) im Pianissimo und entrückten Fis-Dur die Worte »Jesu Christe«. Bruckner notiert in die Partitur: »NB Misterium (unerwartet nach dem 7. Tact der Periode)«. Er verstieß hier also bewusst gegen eine Regel seiner musikalischen Wissenschaft, um ein Mysterium des Glaubens darzustellen, das höher ist als alle Vernunft.

Ein kleines Fragezeichen steht hinter der Bläserbesetzung der Messe. Man könnte auf Anhieb meinen, der Verzicht auf Streichinstrumente und Orgel habe mit der Aufführung im Freien zu tun. Nun aber schreibt Bruckner in einem Brief zur Vorbereitung der Uraufführung, seine Messe werde »wegen des Raumes« schwer aufzuführen sein. Bruckner schlägt vor: »Aber wir können selbe ja im Freien aufführen.«[46] War das also nicht von vornherein geplant? Tatsächlich weicht die Besetzung der Messe von der nichtliturgischen *Festkantate* ab, die bei der Grundsteinlegung erklang, es fehlen in der Messe die Flöten, Pauken und der »Bombardon« (Tuba), also der Klang des Militärs. Die Bläserbesetzung der e-Moll-Messe war womöglich nicht nur Pragmatismus, sondern auch Teil des künstlerisch-religiösen Konzepts einer »Vokalmesse«, was die Freilichtaufführung auf der Baustelle dann zwanglos möglich machte.

Danksagung oder Gelegenheit? Te Deum und Salvum fac populum

für Soli, Chor, Orgel ad libitum und Orchester
entstanden 1881 und 1883/84
Dauer: ca. 22 Minuten

Knapp fünfzehn Jahre nach seiner letzten Messe schrieb Bruckner noch einmal ein lateinisches Großwerk, das *Te Deum*. Es blieb sein letztes. Aber auch in anderer Hinsicht ist das *Te Deum* ein besonderer Fall, nämlich mit Blick auf seine liturgische und gesellschaftliche Funktion. Das *Te Deum* hatte einen »canonischen« und einen »gelegenheitlichen« Ort, so formulierte der Lehrer und Liederbuchautor Heinrich Bone (1813–1893), der zu Bruckners Zeit sein deutsches *Te Deum* »Großer Gott wir loben dich« verbreitete. Im Jahre 1881, in dem Bruckner die Arbeit an dem *Te Deum* begann, veröffentlichte Bone eine Studie über den Text des *Te Deum*, über Ursprung, Inhalt, Form und kirchlichen Gebrauch. Kanonisch festgeschrieben war das *Te Deum* an Sonn- und Festtagen außerhalb von Advent und Fastenzeit am Ende der Matutin (»Mette«). Das *Te Deum* stand am Ende dieser Gebetszeit, »gleichsam nach Verscheuchung der nächtlichen Finsternis, beim hellen Eintritt des Tages, zum Dank und Gruß für das neu empfangene Licht«, wie Bone formulierte.[47] Den Laien bekannter war der »gelegenheitliche« Gebrauch des *Te Deum*, bei jenen Gelegenheiten nämlich, »wo für besondere göttliche Gnaden und Wohlthaten Lob und Dank zum Himmel steigt«, so Bone, »und zwar nicht als stilles Gebet, sondern als hochfestlicher Gesang, vom celebrirenden Priester angestimmt, und dann fortgeführt von Chor und Gemeinde in seiner wogenden Melodie, getragen von den rauschenden Tönen der Orgel und nach Umständen von schmetternden Posaunen, und begleitet von den in den Lüften sich aushallenden Klängen der Glocken«. Bone zählt die typischen Anlässe auf: Papstwahl, Bischofsweihe, Königskrönung, Geburt eines Thronfolgers, Friedensschlüsse und – von Bone dezent verschwiegen – siegreiche Schlachten. Vielerorts waren auch Namens- und Geburtstag des Herrschers Anlässe für ein *Te Deum*. Bemerkenswert ist die ausdrückliche Erwähnung des Gemeindegesangs an einigen Orten, und auch die österreichische Kirchenmusikordnung von 1828 äußert sich in diesem Sinne: »In manchen Kirchen wird das *Te Deum* von der Kirchgemeinde deutsch mit der Orgelbegleitung gesungen.«[48]

Der Ort für ein *Te Deum* in St. Florian war das Ende von Messe und Vesper an hohen kirchlichen und imperialen Feiertagen. Aufführungsverzeichnisse zeigen, dass ein *Te Deum* regelmäßig in der Christmette und in der Osternacht, am Fest Mariä Namen, am Geburts- und Namenstag des Kaisers und zu Silvester im Anschluss an die Messe in der Stiftskirche erschall, aber auch an besonderen Festen wie dem 50-jährigen Priesterjubiläum des Propstes. Oft verband man es mit einer Aussetzung des Allerheiligsten (der konsekrierten Hostie) und dem dazugehörigen *Tantum ergo*. Zu Ostern und Weihnachten erklang auch am Ende der Vesper ein *Te Deum*.

Für welchen feierlichen Anlass aber komponierte Bruckner sein *Te Deum*? Im Mai 1881 unterbrach er die Arbeit an seiner Sechsten Sinfonie, um das *Te Deum* vollständig zu skizzieren. Er ließ es jedoch liegen und beendete zunächst die Sinfonie, um erst 1883 (nach Vollendung der Siebten) wieder auf den Entwurf zurückzukommen, den er bis 1884 umarbeitete und fertig instrumentierte. Dass Bruckner die Arbeit an der Sinfonie für das *Te Deum* unterbrach, spricht für einen kurzfristigen Anlass, der sich zerschlug. Nach der Uraufführung bezeichnete Bruckner das *Te Deum* als ein Werk, »welches ich Gott widmete zur Danksagung für so viel überstandene Leiden in Wien«.[49]

Bruckners Gliederung des *Te Deum* ist einzigartig. Die Tradition sah für Vertonungen des *Te Deum* eine dreiteilige Anlage mit angehängter Fuge vor, entsprechend der musikalischen Architektur des Credo: Auf einen feierlich bewegten ersten Teil folgt ein langsamer Mittelteil bei den Worten »salvum fac«, der dem »Et incarnatus« im Credo entspricht; es folgt im *Te Deum* die Reprise oder ein neuer schneller Teil bei den Worten »aeterna fac« – das entspricht dem »Et resurrexit« des Credo – sowie eine Schlussfuge auf die Worte »in te, Domine« (entsprechend dem »Et vitam venturi«). Die in St. Florian zu Bruckners Zeit gängigen Vertonungen des *Te Deum* entsprechen dieser Form (l = langsam, s = schnell):

1. Te Deum (s) **3.** Aeterna fac (s) **4.** In te (Fuge)
2. Te ergo (l)

Dem begegnet Bruckner mit einem erstaunlichen Gegenentwurf. Bis zum »Aeterna fac« folgt er der klassischen Gliederung. Doch dann kehrt Bruckner mit den Worten »salvum fac« nochmals zum langsamen Tempo und zur Musik des »Te ergo« zurück; die endgültige Reprise des Anfangs und die Rückkehr zum schnellen Tempo erfolgt erst bei »per singulos«. Auch bei Bruckner ist das »In te Domine« ein Anhang, in dem die traditionelle Schlussfuge aber nur einen Abschnitt in einer ausgedehnten sinfonischen Fantasie bildet. Die Gesamtform von Bruckners *Te Deum* stellt sich also wie folgt dar:

1. Te Deum (s) **5.** Per singulos (s) **6.** In te (mit Fuge)
2. Te ergo (l) **4.** Salvum fac (l)
3. Aeterna fac (s)

Teil 1 und Teil 5 entsprechen sich, ebenso Teil 2 und Teil 4. Im Brennpunkt des Ganzen, als Mittelteil des Mittelteils, steht das »Aeterna fac«. Bruckners Handschrift macht diese konzentrische Architektur deutlich. In der Entwurfsfassung von 1881 ist zu sehen, dass Bruckner einen Doppelstrich vor »per singulos« zieht, nicht aber vor »in te, Domine«; in der endgültigen Fassung von 1884 ergänzte Bruckner auch dort einen Doppelstrich, so dass sechs Teile entstehen. Bruckner versah zudem jeden Abschnitt mit einem Textstichwort als Überschrift. Allerdings ließ er dieses Stichwort bei »per singulos« weg. Das hatte zur Konsequenz, dass alle CD-Einspielungen bei »per singulos« keinen eigenen Track vorsehen. Die Tracklisten der CDs verstellen damit Bruckners einzigartige Architektur und die zentrale Stellung des »Aeterna fac«: Es ist eine Herausforderung für die Aufführungspraxis, das wieder stärker zu verdeutlichen. Überhaupt hatte es diese Stelle Bruckner angetan. Sie steht nicht nur im Zentrum, sie ist auch eine der wenigen Stellen, die zwischen der Erstfassung von 1881 und der endgültigen Fassung von 1884 tiefgreifende Umarbeitungen erfuhr.[50] »Aeterna fac cum sanctis tuis in gloria numerari«, lautet der Text: »In der ewigen Herrlichkeit zähle uns deinen Heiligen zu.« Stürmisch geht es in beiden Fassungen zu. In der frühen Fassung aber ringt sich die Musik zwischenzeitlich von d-Moll nach D-Dur durch, der Ausblick in die Ewigkeit ist hier eine musikalische Vorschau auf den Triumph des »non confundar in aeternum« (»in Ewigkeit werde ich nicht zu Schanden«) am Ende des Werks. Ganz anders in der späteren und endgültigen Fassung. Dort wird die Musik immer leiser und zerbrechlicher, bis der Chor am Ende die letzten Worte des Abschnitts im dreifachen Fortissimo herausruft – Ende offen! Ein Ewigkeitsbild ist dies ohne Zweifel, der Text verlangt es, aber es ist kein plattes »Verlangen nach dem ewigen Ruhm«, das ein Kritiker hier hören wollte.[51] Nein, dieser Blick in die Ewigkeit ist nicht affirmativ, er ist erschüttert von dem Gedanken, dem Unermesslichen gegenüberzustehen.[52]

Der unterschiedliche Grundcharakter der Hauptteile des *Te Deum* wird deutlich, wenn man sich die Dauer der Teile und die Textverteilung vor Augen hält. Im letzten Teil lässt sich Bruckner sechs Minuten Zeit für einen einzigen Vers (»in te Domine«), im ersten Teil dagegen deklamiert der Chor in der gleichen Zeit 18 Verse, was zu einer rasant kontrastreichen Bilderfolge führt: »Wie die Stimmung der einzelnen Textabschnitte plötzlich wechselt«, schrieb ein Wiener Kritiker, »so schleudert der Componist uns von einem Abschnitt unbarmherzig in den anderen.«[53] Am Anfang stehen Gott- und Herrscherlob, Jubel und Affirmation. »Felsenfest« klingt das (so ein Zeuge der Uraufführung), und stürmt doch »zum Himmel hinan« (so ein anderer).[54] Schon bald wechselt das Bild mit den Worten »tibi omnes angeli« (»Alle Engel, Himmel, die gesamten Mächte, Cherubim und Seraphim rufen mit unaufhörlicher Stimme dir zu«). Bruckner reduziert den Klang auf ein Ensemble von drei Engelsstimmen, bass- und schwerelos, zuerst noch leise von hohen Streichern und Bläsern begleitet, schließlich a cappella. In dreißig Takten hat Bruckner uns vom chorsinfonischen Rauschen zu einem reinen Vokalterzett geführt, um mit dem anschwellenden Gesang »Sanctus, Sanctus, Sanctus« wieder zurückzuschwenken. Der Anfangsjubel tritt immer wieder gliedernd auf, zwischen seinen »Höhen« tun sich immer neue »Abgründe« auf, wie ein Hörer der Uraufführung treffend beschrieb. »Es ist ein entzückendes Schauen und Hören der Geheimnisse des Glaubens, ihrer Höhen und Abgründe.«[55] Bizarr verschlungen und abgründig besingen die Stimmen etwa bei »tu devicto« die Bilder von der Überwindung des Todesstachels (»mortis aculeo«) und der Erschließung des Himmelreiches (»aperuisti credentibus regna coelorum«).

Die Bildsprache des Mittelteils (»te ergo quaesumus«) ist von der Analogie zum »Et incarnatus« im Credo geprägt (hier wie dort war ein Kniefall vorgesehen). Das Duett von Solovioline und Solotenor erinnert an das Christusbild aus dem »Et incarnatus est« der f-Moll-Messe. Tatsächlich spricht der Text auch hier das Passionsgeschehen an: »Tuis famulis subveni, quos pretioso sanguine redemisti« (»Du mögest zu Hilfe kommen deinen Dienern, die du mit deinem kostbaren Blute erlöset hast«). Dass Bruckner bei »salvum fac« entgegen der Tradition nochmals zur langsamen Musik des »Te ergo« zurückkehrt, kann zwei Gründe haben: Zum einen entsteht erst so (wie oben beschrieben) die konzentrische Form mit »aeterna fac« in der Mitte. Zum anderen war es Brauch, zu diesen Worten den Segen zu spenden. So erklärt ein Handbuch aus dem Jahr 1830, dass der Priester »bei den Worten *Salvum fac populum tuum Domine!* (Mache selig dein Volk, o Herr!) den Segen gibt«.[56]

Der Schlussteil (»in te, Domine speravi«) wiederholt minutenlag einen einzigen Satz. Dazu schreibt Bruckner eine kleine sinfonische Dichtung in vier Abschnitten: Einleitung, Fuge, Choral und Finale. Intim beginnt die Einleitung mit den Solisten, quasi a cappella, nur von kurzen Einwürfen des Orchesters gegliedert, und dann immer hymnischer, bis schließlich der Chor einstimmt. Aus den Motiven dieser Einleitung entsteht der fugierte

Abschnitt mit zwei Themen, die den beiden vertonten Halbversen entsprechen (»in te Domine speravi« und »non confundar in aeternum«). Eine klassische Doppel- und Schlussfuge? Die kontrapunktische Arbeit führt nach 50 Takten zu keinem Ergebnis. Ein chromatischer Aufstieg des Soprans läuft ins Leere, ein Orgelpunkt führt nicht zum Höhepunkt, im Gegenteil: Die Fuge sinkt pianissimo in sich zusammen. Nicht diese Töne! Posaunen stimmen andere an, das Geschehen kehrt zu hymnischen, choralartigen Tönen zurück, das Adagio der Siebten klingt an. Über mehrere Steigerungswellen wendet sich die Musik dem Höhepunkt zu, bleibt mit dem Donnerwort »aeternum« ein letztes Mal auf einem Schreckensakkord und einer Generalpause stehen, um schließlich in C-Dur zu triumphieren.

Bruckners erneute Vertonung des *Salvum fac* (WAB 40) aus dem Jahre 1884 war vermutlich nicht als eigenständiges Werk geplant und ist als solches auch nicht zu gebrauchen. Der Text ist ein siebenzeiliger Ausschnitt aus dem *Te Deum.* Im März war die Komposition des vollständigen *Te Deum* fertig, im November entstand die erneute Vertonung des kleinen Ausschnitts *Salvum fac*, noch vor der Uraufführung des *Te Deum.* Da weder ein Anlass für das kleine Stück bekannt ist noch eine andere Vertonung von diesem Textausschnitt, spricht alles dafür, dass Bruckner diese wenigen Takte als Einlage in sein *Te Deum* vorsah. Tatsächlich markierte Bruckner in der Partitur des *Te Deum* eine Kürzung von Buchstabe Q bis Buchstabe V, das entspricht der Textpassage des *Salvum fac.* Mit eigener Hand schrieb Bruckner »1½ Minuten« unter das kleine Stück; es ging offenbar darum, die Länge zu überprüfen. Tatsächlich gelang es Bruckner nicht, sein Werk in der Liturgie zur Uraufführung zu bringen, vermutlich fand man es zu lang. Setzte man Bruckners *Salvum fac* in sein *Te Deum* ein, so schrumpfte das Werk von 21 auf etwa 15 Minuten, noch immer doppelt so lang wie die klassischen Vertonungen von Haydn und Mozart. Rätselhaft bleibt jedoch Bruckners musikalische Gestaltung des *Salvum fac*, die im Kontrast zur monumentalen Chorsinfonik des *Te Deum* steht: Das kleine Werk besteht aus altertümlichen Falsobordone-Sätzen, bei denen der Chor den Text auf schlichten Akkorden rezitiert. So quer das stilistisch zum Kontext des *Te Deum* steht, harmonisch fügt es sich: Es beginnt in A (wo das *Te Deum* zuvor aufhört) und es endet in C, wo das *Te Deum* anschließend weitergeht. Man muss sich mit dem Gedanken anfreunden, dass Bruckner sein *Te Deum* auch zum Preis dieses stilistischen Bruchs aufgeführt sehen wollte.

die geistlichen chöre

Die meisten lateinischen Chöre Bruckners entstanden als »Einlagen«: In der liturgischen Praxis erklangen die Messkompositionen nicht allein, denn es war üblich, in einem Hochamt mindestens auch Graduale und Offertorium in mehrstimmigen Vertonungen zu singen. Nach Möglichkeit sollten es Vertonungen der Texte sein, die zum Festtag gehörten oder zumindest thematisch passend waren. Letztlich konnte aber jedes geistliche Werk, mancherorts auch Instrumentalmusik, als Graduale oder Offertorium dienen. Bei einem Großteil von Bruckners kleineren geistlichen Chören handelt es sich um Gradualien und Offertorien in diesem Sinne. Doch auch andere liturgische Texte vertonte Bruckner für den praktischen Gebrauch.

Den Begriff ›Motette‹ – wie weiter oben bereits erwähnt – hat Bruckner nie verwendet. Eine Werkliste, die der 60-Jährige einem Biografen schickte, macht das deutlich: »Drei grosse Messen, Te Deum, Streichquintett, sieben Sinfonien, Chöre etc etc« habe er komponiert.[57] Bruckner präzisiert: »Außer diesen Messen schrieb ich eine Cantate zur Grundsteinlegung des Domes zu Linz 1862. Ferner Gradualien, Offertorien (Vocal.) etc. Vor meinen Studien, nebst kleineren Einlagen Tantum ergo etc. etc. eine Messe in B zur Infulation des Stiftsprälaten Maier zu St. Florian (anno 1854). Anno 1849 ein Requiem in Dmoll für meinen Gönner Seiler (Stiftsbeamten).« Bruckner unterscheidet also die größeren Werke und Gattungen, die er ausdrücklich benennt (Messe und Totenmesse, *Te Deum*, Kantate), von den kleineren »Chören«, die er nach liturgischer Herkunft unterscheidet (Graduale, Offertorien), und den »kleineren Einlagen«, womit liturgisch weniger fixierte Werke gemeint sind. Auch die ersten Drucke mit Bruckners Musik folgen dieser Praxis. Wo die publizierten Werke eine einheitliche liturgische Funktion hatten, gab diese den Titel (*Vier Graduale*, Wien 1886; *Fünf Tantum ergo*, Innsbruck 1893). Lagen unterschiedliche Textgattungen vor, folgten die Verleger Bruckners neutraler Beschreibung (*Zwei Kirchenchöre*, Wien 1887).

Der Leib Christi: Pange lingua und Tantum ergo

WAB 31 in C-Dur für Chor
entstanden um 1836, revidiert 1891
Dauer ca. 1 Minute

WAB 32 in D-Dur für Chor
entstanden 1843 (?)
Dauer ca. 3 Minuten

WAB 33 in e-Phrygisch für Chor
entstanden 1868
Dauer ca. 5 Minuten

WAB 41, Vier Tantum ergo in B-, As-, Es- und C-Dur für Chor
entstanden 1846, revidiert 1888
Dauer jeweils ca. 2 Minuten

WAB 42 in D-Dur für fünfstimmigen Chor und Orgel
entstanden 1846, revidiert 1888
Dauer ca. 3 Minuten

WAB 43 in A-Dur für Chor
entstanden 1843 (?)
Dauer ca. 2 Minuten

WAB 44 in B-Dur für Chor, Violinen, Trompeten und Orgel
entstanden 1849
Dauer ca. 3 Minuten

Bruckners erste erhaltene Komposition überhaupt ist eine Vertonung des *Pange lingua*. Der Text ist mittelalterlich: Im 13. Jahrhundert hatte Papst Urban IV. das Fest *Sanctissimi Corporis Christi* eingeführt, für das sich im Deutschen der Name Fronleichnam einbürgerte. Im Zentrum des Festes steht die Anbetung des im Sakrament präsenten Gottes. Für das Stundengebet und die Messe entstanden neue Texte, die man Thomas von Aquin zuschrieb. Bekannt wurden insbesondere die Sequenz *Lauda Sion* und die Hymnen *Verbum supernum prodiens*, *Sacris solemniis* und *Pange lingua*, genauer gesagt bestimmte Einzelstrophen daraus, nämlich *Panis angelicus* (aus *Sacris solemniis*), *O salutaris hostia* (aus *Verbum supernum*) und das *Tantum ergo*: die letzten beiden Strophen des *Pange lingua*, beginnend mit den Worten »tantum ergo sacramentum«. Bei *Pange lingua* und *Tantum ergo* handelt es sich also um das gleiche Gebet, jede *Pange lingua*-Komposition lässt sich darum auch auf den Text des *Tantum ergo* singen und umgekehrt; manchmal ist dieselbe Komposition unter beiden Namen überliefert. Bruckners 1868 komponiertes *Pange lingua* WAB 33 überschrieb Bruckner eigenhändig mit »Pange lingua et Tantum ergo«, unterlegte aber nur den

Text der ersten Strophe, also nur das *Pange lingua*. Im Erstdruck erschien das Werk dann als *Tantum ergo*, ausgerechnet dort aber unterlegt mit allen Strophen, also auch mit *Pange lingua*. Der langen Rede kurzer Sinn: Es liegt nahe, *Pange lingua* und *Tantum ergo* als eine einzige Werkgruppe zu behandeln.

Liturgisch gehörten beide Texte zunächst in die Vespern von Fronleichnam. Die Aufführungsverzeichnisse in St. Florian bezeugen, dass in beiden Vespern jeweils Vertonungen der Texte mit Chor und Orchester erklangen. Der andere liturgische Ort des *Pange lingua* war der Gründonnerstag, das Fest der Einsetzung der Eucharistie, das Fronleichnam thematisch unmittelbar verbunden ist. Am Ende der Gründonnerstagsliturgie stand eine kleine Prozession. Das *Charwochenbuch der katholischen Kirche*, das Bruckner besaß, beschreibt den Vorgang wie folgt:

»Heute [am Gründonnerstag] soll ein schicklicher Ort in irgend einer Capelle oder auf irgendeinem Altare der Kirche vorbereitet, und so weit es sich thun läßt, anständig mit Schleyern und Lichtern verziert werden, wo der Kelch mit der aufzubewahrenden Hostie hingestellt werden könne. Nach Endigung der Messe aber werden Fackeln angezündet, und es beginnt auf gewöhnliche Art die Procession, wobey ein zweyter Subdiacon in kirchlicher Kleidung das Kreuz vorträgt. Der Celebrant, mit einem weißen Pluvial [ein ärmelloser, mantelähnlicher Umhang] angethan, gibt, vor dem Altare stehend, Weihrauch in die Rauchfässer, doch ohne ihn zu segnen. Er kniet in der Mitte des Altares nieder, incensirt mit einem der Rauchfässer drey Mahl das h.h. Sacrament, nimmt dann aus den Händen des stehenden Diacons den Kelch mit dem heil. Sacrament, bedeckt ihn mit den Enden des Velums [Schultertuch], das auf seinen Schultern ruht, und schreitet unter dem Baldachin fort, zur Rechten den Diaconus, zur Linken den Subdiacon. Die beyden Akolythi incensiren fortwährend das heil. Sacrament, bis man zu dem bereiteten Ort kommt, wo es für den morgigen Tag [Karfreitag] aufbewahrt werden soll. Unter der Procession wird gesungen folgender Hymnus: *Pange lingua / Preiset, Lippen, das Geheimniß.*«

Die Sakramentsprozession vom Gründonnerstag übertrug die Kirche auf das neue Fest Fronleichnam und dehnte sie zu großen Umzügen und Volksfesten aus. Auch bei dieser großen Prozession erklang das *Pange lingua* – eben wie beim kleinen Vorbild am Gründonnerstag.

Aber das *Tantum ergo* hatte in der Liturgie noch einen Ort jenseits von Gründonnerstag und Fronleichnam, nämlich beim sakramentalen Segen, dem priesterlichen Segen mit der gewandelten Hostie in der Monstranz. In den Aufführungsverzeichnissen von St. Florian findet sich das *Tantum ergo* regelmäßig am Ende großer Festhochämter im Anschluss an das *Te Deum*. Und schließlich konnte das *Tantum ergo* auch als Wandlungsmusik zur Elevation erklingen. Der Moment der Wandlung wurde regional unterschiedlich gestaltet, wie ein liturgisches Handbuch aus den 1830er-Jahren erklärt: »Die Art und Weise, dem im hl. Sakramente gegenwärtigen Gotte seine Anbetung zu zollen, ist dem einzelnen Gläubigen überlassen. In der römischen Kirche kündet sich dieselbe durch Schweigen, in einigen Kirchen Frankreichs durch Absingung des *O salutaris hostia*, in wieder anderen durch Absingen des *Tantum ergo*, oder einer andern Strophe der auf dieses hochheilige Geheimnis verfaßten Hymnen an.«[58] Zieht man diese Praxis in Betracht, wäre in jedem Hochamt Gelegenheit für ein *Tantum ergo*. Die Kirchenmusikordnung aus Bruckners Zeit schrieb jedoch »strenge Stille« für diesen Moment vor, und die Florianer Aufführungsverzeichnisse legen nahe, dass man sich an diese Regel hielt. Für welche dieser vielen Möglichkeiten Bruckners Vertonungen des *Tantum ergo* entstanden und in welchen praktischen Kontexten sie Verwendung fanden, ist weitgehend unbekannt.

Das *Pange lingua* WAB 31 ist Bruckners erste erhaltene Komposition. Die Entstehungszeit ist unbekannt. Satzfehler deuten darauf hin, dass hier ein Werk des unerfahrenen Knaben vorliegt. Bruckners Vertonung folgt durchgehend dem trochäischen Vierheber des mittelalterlichen Textes. Jede der sechs Zeilen fügt Bruckner in eine musikalische Phrase von vier Takten, so dass die schweren Silben jeweils mit einem Taktanfang zusammenfallen. Das ist eintönig und wenig originell, die Quint- und Oktavparallelen in Takt 6 bis 8 sind schwere Fehler. Das konnte der alte Bruckner, als er seinen Nachlass ordnete, so nicht stehen lassen. Im April 1891 nahm sich der 66-Jährige sein Kindheitswerk vor und korrigierte die Fehler, die ihm ein halbes Jahrhundert zuvor passiert waren; neben den Parallelen betraf das auch die zahlreichen Terzverdoppelungen in der ersten Hälfte des Werks. Jedenfalls hatte Bruckner das kleine Werk aufbewahrt, offenbar maß er ihm Bedeutung zu.

Alle acht Vertonungen des *Tantum ergo* entstanden innerhalb von etwa fünf Jahren für St. Florian. Vermutlich vertonte Bruckner den Text mehrfach, weil das *Tantum ergo* in Tonart und Besetzung mit verschiedenen größeren Werken kompatibel sein sollte. Deswegen ist jedes der acht Werke anders in Tonart und Besetzung, ein Kompendium für alle Anlässe. Als erstes entstand das *Tantum ergo in D* WAB 32 für vierstimmigen Chor. Eine Abschrift enthält von fremder Hand den Vermerk »komponiert 1843«, damit fiele es in Bruckners Kronstorfer Zeit; Bruckners Biografen überliefern aber die Erinnerung, es sei »für St. Florian« entstanden. Das schließt sich nicht aus, blieb Bruckner doch stets mit seiner Heimat in Kontakt. Der vierstimmige Chorsatz ist schlicht und choralartig, gefällig im Ton. Jede der sechs Textzeilen vertont Bruckner in acht Takten, sodass ein 24-taktiges Stück entsteht. Dann hängt Bruckner aber einen zwölftaktigen Abschnitt an, in dem die letzten beiden Zeilen nochmals in neuer Musik und etwas aufwendiger – mit Imitationen – erklingen. Die so entstandene Asymmetrie scheint in der Praxis auf Skepsis gestoßen zu sein. Jemand kürzte das Werk um die Wiederholung am Ende und stellte so eine 24-taktige Gestalt her und fügte außerdem mit Bleistift ein zweitaktiges »Amen« hinzu. Als das Werk 1882 in St. Florian erneut abgeschrieben wurde (offenbar blieb es vor Ort in Gebrauch), beglaubigte Bruckner diese Umarbeitung mit seiner Unterschrift. Ob Bruckner selbst das Werk kürzte oder nur die bereits erfolgte Kürzung sanktionierte, lässt sich nicht mehr feststellen. Im Druck erschien das Werk erst posthum: Josef Wöss publizierte es 1914 »für den praktischen liturgischen Chorgebrauch eingerichtet« in der gekürzten Fassung und mit einer Ergänzung des ganzen Textes des *Pange lingua*.

Ähnlich ist es um das *Tantum ergo in A* WAB 43 bestellt. Auch dieses ist nicht genau datierbar und fällt vermutlich ebenfalls in die Zeit von Kronstorf und St. Florian. In der Anlage ist es eine exakte Kopie des ersten, was nahelegt, dass sie gemeinsam entstanden sind: Wieder vier Takte für jede der sechs Zeilen, wieder eine zwölftaktige Wiederholung der letzten beiden, wobei dieses Mal die imitatorische Anreicherung schon in der regulären Strophe geschieht. Anders als beim ersten *Tantum ergo* fügt Bruckner dem vierstimmigen Chorsatz einen mit Generalbass bezifferten Orgelbass hinzu. Aufführungen zu Bruckners Lebzeiten sind nicht dokumentiert.

Als nächstes schrieb Bruckner, mittlerweile in St. Florian angekommen, gleich vier Vertonungen auf einmal: wiederum für vierstimmigen Chor mit beziffertem Orgelbass ad libitum, wiederum im gleichen Stil, nun aber in vier neuen Tonarten: B-Dur, As-Dur, Es-Dur und C-Dur (WAB 41). Auch die Form blieb gleich: Jedes *Tantum ergo* besteht aus sechs Viertaktern (ohne angehängte Wiederholungen). Nur das *Tantum ergo* in B-Dur weicht einmal davon ab: Bei »praestet fides supplementum« schreibt Bruckner – einzigartig in seinen Vertonungen dieses Textes – einen Fünftakter! Das war kein Versehen, denn Bruckner ließ den Fünfer gerade sein, als er seine kleine Werkgruppe 1888 revidierte. Die Sammlung blieb in St. Florian lange in Gebrauch. Anders als die früheren Vertonungen erschienen die vier *Tantum ergo* bereits zu Lebzeiten in Druck, allerdings erst 1893, unter dem Titel *Fünf Tantum ergo* zusammen mit dem folgenden *Tantum ergo in D-Dur* WAB 42 für fünfstimmigen Chor und bezifferten Orgelbass. Dies ist das erste *Tantum ergo*, das sich datieren lässt: »Februar 1846« schrieb Bruckner eigenhändig auf die Partitur. Der Anlass ist nicht bekannt. Die Aufführungsverzeichnisse dieser Zeit nennen keine

Werke von Bruckner; die auf der Partitur handschriftlich vermerkten Aufführungen fanden erst in den Jahren 1853 und 1854 statt. Die Schlussworte »sensuum defectui« wiederholt Bruckner hier drei Mal, davon einmal fugiert. Das Werk sollte Bruckners beliebtestes *Tantum ergo* werden.

Wiederum anders stehen die Dinge beim letzten Florianer *Tantum ergo*, dem *Tantum ergo B-Dur* WAB 44, dem einzigen mit Orchester. Uraufgeführt wurde das Werk zu Silvester 1849 und vermutlich auch eigens dafür komponiert, denn es fügt sich in das Gesamtprogramm des Abends. Das Hauptwerk des Silvestergottesdienstes war eine Messe in F-Dur von Johann Baptist Schiedermayer (in Frage kämen seine Messen opp. 27, 31 oder 94), als Einlagen erklangen ein Graduale *(Benedictus es)* und ein Offertorium *(Lauda Deum)* von Michael Haydn (beide in B-Dur), im Anschluss ein *Te Deum* in B-Dur von Franz Joseph Aumann und schließlich Bruckners *Tantum ergo*, ebenfalls in B-Dur. Bruckner passte sein Orchester den anderen Werken an: Aumanns *Te Deum* erforderte zwei Violinen, Orgel, zwei Trompeten und Pauken; Bruckner schrieb sein *Tantum ergo* für die gleiche Besetzung, lediglich ohne Pauken – womöglich ging die Paukenstimme auch verloren.

Nach seiner Florianer Zeit wandte sich Bruckner nur noch einmal dem *Pange lingua* zu. 1868, knapp zwei Jahrzehnte nach dem letzten Florianer *Tantum ergo*, schrieb Bruckner in Linz sein *Pange lingua et Tantum ergo* WAB 33. Ein anderer Bruckner ist hier zu hören, der inzwischen die Messen in D und E geschrieben hatte. Das Werk entstand womöglich als Einlage für letztere, denn es steht ihr musikalisch nahe. Das Werk für A-cappella-Chor evoziert – wie die Messe – vielfach den alten Stil. So mit der Kirchentonart e-Phrygisch, die Bruckner vom gregorianischen »Pange lingua« übernimmt, dessen Melodie auch vereinzelt anklingt (etwa im Sopran bei »gloriosi« und »quem in mundi«) oder mit den beiden Klangsphären, die sich im Werk fortlaufend abwechseln: konsonante Dreiklänge einerseits, Ketten dissonanter Vorhalte andererseits. Die erste Zeile bringt die Dreiklänge, die zweite (»corporis«) die Vorhalte, die dritte wiederum (»sanguinisque«) die Dreiklänge, die vierte (»quem in mundi«) die Vorhalte, die fünfte (»fructus ventris«) Dreiklänge, die letzte (Überraschung!) keine Vorhalte, sondern nochmals Dreiklänge. Die Schlussworte (»rex effudit gentium«) wiederholt der Chor pianissimo, die Musik des Anfangs kehrt zurück, nach der letzten Strophe wird ein »Amen« angehängt.

Die Gesamtausgabe und die praktische Ausgabe von Ludwig Berberich (Edition Peters) geben ein irreführendes Bild des Werks, das sich auch in den meisten Aufnahmen niedergeschlagen hat. Überall erscheint das Werk dreistrophig, mit erster Strophe (»Pange lingua«) und den beiden letzten (»Tantum ergo«). Das legt den Titel aber zu streng aus, und es entsteht eine merkwürdige Textkompilation unter Auslassung der Strophen 2 bis 5. Bruckner selbst notierte nur Strophe 1 und ging davon aus, dass beliebig viele weitere Strophen unterlegt werden. Dreistrophigkeit ist also eine Möglichkeit, keine fixe Werkgestalt.

Die dreistrophige Form stand allerdings schon im ersten Druck des Werks. Dieser hat eine besondere Geschichte. 1885 erschien in Franz Xaver Witts Zeitschrift *Musica sacra*, dem Vereinsorgan der deutschen Cäcilianer, das fast zwanzig Jahre alte Werk Bruckners. Witt hatte mehrfach um ein Werk gebeten, und Bruckner schickte ihm das unveröffentlichte und vermutlich auch unaufgeführte Werk. So abschätzig Bruckner sich über den Cäcilianismus äußerte, so sehr wusste er, dass er etwas vorzuweisen hatte, was den Cäcilianern gefiel, und er war bereit, in ihrer Zeitschrift zu erscheinen. Witt druckte das Werk mit einigen Anpassungen, die mit Bruckner nicht abgesprochen waren. In T. 9 verlangsamte Witt die Deklamation, um die schnellen Viertel zu vermeiden, und in der Schlusskadenz tilgte er den Nonenvorhalt. Nicht aber, weil er ästhetisch Anstoß an der Dissonanz genommen hätte (sie ist stiltypisch), er machte praktische Gründe geltend, als Bruckner gegen die Änderung protestierte. Im Folgeheft seiner Zeitschrift schrieb Witt: »Der Componist, Herr Professor Anton Bruckner in Wien, wünscht, daß die Note *a* des Altes im drittletzten Takt auf ›Amen‹ in *h* verwandelt bleibe, wie das in seinem Manuscripte deutlich so stand. Der Vorhalt (Dissonanz) sei wohl motivirt. Das ist wahr, weil der Alt voraus dasselbe *h* singt. Ich habe die Note geändert, weil das dissonirende *h* zu singen in freiem Einsatze, unsern Altsängern sehr schwer fallen wird dem *c* des Tenors gegenüber. [...] Da nun aber der Componist auf dem *h* besteht, so sei es hiemit corrigirt.«[59] Bruckner wusste sich zu wehren, wenn seine Werke verunstaltet wurden. Das phrygische *Pange lingua* bezeichnete Bruckner noch in seinen letzten Lebensjahren als »mein Lieblings *Tantum ergo*«.[60]

Weihwasser: Asperges me

WAB 3, Zwei Asperges me in a-Moll und F-Dur für Chor und Orgel
entstanden um 1844
Dauer jeweils ca. 3 Minuten

WAB 4 in F-Dur für Chor
entstanden um 1844
Dauer ca. 2 Minuten

Das *Asperges me* sang man in der alten Liturgie an jedem Sonntag außerhalb der Osterzeit in der Vormesse, wenn der Priester die Gemeinde zur Tauferinnerung mit Weihwasser besprengte. Ein Katechismus der Bruckner-Zeit erläutert die Bedeutung der Zeremonie: »In diesem Gesange flehen Priester und Volk vereint demüthig zu Gott um Verzeihung ihrer Sünden, auf daß sie rein und würdig bei der nachfolgenden heiligen Opferhandlung erscheinen möchten.«[61] Der Text besteht aus einem Kehrvers (Antiphon) und einem Psalmvers mit Doxologie (»Ehre sei dem Vater«), nach der die Antiphon wiederholt wird. Im Fall des *Asperges* sind Antiphon und Psalmvers dem gleichen Psalm entnommen:

Antiphon: *Asperges me, Domine, hysoppo, et mundabor: lavabis me, et super nivem dealbabor* (Ps. 51 [50], Vers 9).

Psalmvers: *Miserere mei, Deus, secundum magnam misericordiam tuam* (Ps. 51 [50], Vers 3).

Doxologie: *Gloria Patri et Filio et Spiritui Sancto, sicut erat in principio et nunc et semper et in saecula saeculorum.*

Antiphon: *Asperges me ...*

Übersetzung: Du besprengst mich, Herr, mit Ysop, und ich werde rein: Du wäschst mich, und ich werde weißer als Schnee. / Gott, erbarme Dich meiner nach Deiner Barmherzigkeit. / Ehre sei dem Vater und dem Sohn und dem Heiligen Geist, wie es war im Anfang so auch jetzt und allezeit und in Ewigkeit. / Du besprengst mich …

Die österreichische Kirchenmusikordnung beschreibt den Ablauf wie folgt: »Wie der Priester zum Altar kömmt, stimmt er das Asperges an, welches der Chor fortsetzt, während welchem der Priester das Volk in der Kirche mit dem Weihwasser besprengt.«[62] Der Chor setzt also erst mit »Domine, hysoppo« ein, und auch in Bruckners Vertonungen sind die ersten beiden Worte als Intonation ausgelassen. Vertonungen des *Asperges* sind in der Musikgeschichte selten. Dafür mag es verschiedene Gründe geben. Vielleicht war der Ritus vor der Messe zu kurz, um ihn ausgiebig zu schmücken; mancherorts sang man auch deutsche Lieder. Zu Bruckners Zeit war es auch üblich, nach der Intonation durch den Priester das *Asperges* nicht vom Chor, sondern von einem Kantor singen zu lassen, und damit war es kein vertonbarer Text. Was den Anlass für Bruckner gab, den Text gleich dreimal zu vertonen, ist nicht bekannt, denn Aufführungen sind keine bezeugt. Man geht heute davon aus, dass alle drei Vertonungen in die Kronstorfer Zeit um 1844 fallen. Aus dem Titelblatt der zwei zusammengehörigen Vertonungen *Asperges me* WAB 3 geht jedenfalls die Bestimmung hervor, denn bei Nr. 1 heißt es, »Gewidmet auf die Sonntage von Septuagesimä bis 4. Sonntag in der Fasten[zeit]«, bei Nr. 2 »Auf den 5. Sonntag in der Fasten[zeit]«. Der Sonntag »Septuagesimae« war der dritte Sonntag vor Beginn der Fastenzeit, 70 Tage entfernt vom Ende der Osterwoche – daher der Name. Er läutete die Vorfastenzeit ein, die erst das Zweite Vatikanische Konzil abschaffte. Bruckners Asperges-Vertonungen WAB 3 sind also für die Fastenzeit gedacht, wobei Nr. 2 allein dem fünften und letzten Fastensonntag vorbehalten ist. Dieser erforderte besondere Beachtung, denn an diesem hatte die Doxologie wegzufallen, und das berücksichtigte Bruckner auch. Es ist nicht der einzige Unterschied zwischen beiden Vertonungen. In der ersten (in a-Moll) schreibt Bruckner in der Antiphon einen ausgedehnten fugierten Abschnitt – übrigens zum ersten Mal in seinem Schaffen. Seine Unerfahrenheit wird deutlich, wenn die zuletzt einsetzende Stimme (der Tenor) den Text »lavabis me« in schnellen Achteln singen muss, um rechtzeitig mit den anderen Stimmen das Ende zu erreichen. Den Psalm (»miserere mei«) und den Anfang der Doxologie (»gloria Patri«) rezitiert der Chor unisono nach Art eines Psalmtons, begleitet von der Orgel; für den Schluss der Doxologie (»sicut erat«) kehrt die chorische Mehrstimmigkeit des Anfangs mit einem erst imitatorisch aufgelockerten, dann homophonen Satz zurück. Nicht notiert, aber liturgisch vorgesehen ist die Wiederholung der Antiphon (»asperges me«) am Ende der Komposition. Das zweite *Asperges* (in F) für den Passionssonntag legte Bruckner konträr an. Der Satz ist deutlich schlichter und kürzer, die Orgel nicht obligat. Der Chor singt hier den Psalm nicht nur nach Art eines Psalms, sondern auf einen echten Psalmton, dem fünften. Die Wiederholung der Antiphon »asperges me« ist hier ausnotiert, aber mit neuer Musik versehen, sie beginnt mit einem Einklangs-Chor im Stil einer gregorianischen Melodie.

Das dritte *Asperges* (WAB 4) ist wiederum anders. Rein akkordisch schreibt Bruckner hier, verwendet aber einzelne gesuchte Klänge. Das Werk wimmelt von verminderten Septakkorden, als habe Bruckner sich im Gebrauch dieses Klanges üben wollen; kurz vor Schluss (T. 22) setzt er sogar den seltenen dreifach verminderten Septakkord ein. Hier verzichtet Bruckner bei Psalm und Doxologie auf den Gestus des Psalmodierens und bleibt beim homophonen Chorsatz. Dafür schreibt er bei der Wiederholung der Antiphon dem Chor die gregorianische Melodie der Intonation »asperges me« vor, an die sich das Da capo anschließt. Jedes der drei *Asperges me* ist also anders. Wie bei den *Tantum ergo* scheint Bruckner sich ein Kompendium für den praktischen Gebrauch erstellt zu haben.

Zwischen Kirche und Friedhof: Libera me

WAB 21 in F-Dur für Chor und Orgel
entstanden um 1843
Dauer ca. 4 Minuten

WAB 22 in f-Moll für fünfstimmigen Chor, Orgel, Bass und Posaunen
entstanden 1854
Dauer ca. 5 Minuten

Ein Todesfall löste zur Zeit Bruckners eine Kette von Ritualen aus: Trauerzug an drei Stationen (Totenbett, Prozession, Kirche), Totenmesse in der Kirche (das *Requiem*), Trauerzug zum Friedhof, Beisetzung. Am Übergang zwischen *Requiem* und Friedhof stand das Ritual der Absolution, mit dem der Verstorbene von seinen Sünden freigesprochen wurde, und hier erklang das *Libera me*. Ein zeitgenössisches Handbuch beschreibt den Ablauf wie folgt: »Nach Beendigung des Seelenamtes legt der Zelebrant Meßgewand und Manipel ab, lässt sich ein Pluviale von schwarzer Seide anlegen, setzt ein Birret auf, begibt sich zur Bahre, stellt sich da, wenn die Leiche selbst anwesend ist, zu den Füssen derselben, den Diakon und Paranymphen zur Rechten, während der Subdiakon, umstanden von zwei Akolythen (Ministranten), welche brennende Kerzen tragen, mit einem Kreuze, von welchem ein Trauerflor herabweht, beim Haupt der Leiche, und die übrigen Gehilfen hinter dem Funkzionar stehen, deren einer ein Rauchgefäß samt Schiffchen, und ein anderer einen Sprengkessel samt Aspergill hält.«[63] In dieser Aufstellung sprach der Priester ein Gebet, dann sang der Chor das *Libera me*:

Responsorium: *Libera me, Domine, de morte aeterna, in die illa tremenda: quando caeli movendi sunt et terra: dum veneris iudicare saeculum per ignem.*

Vers 1: *Tremens factus sum ego, et timeo, dum discussio venerit, atque ventura ira.*

Responsorium: *Quando caeli movendi sunt et terra.*

Vers 2: *Dies illa, dies irae, calamitatis et miseriae, dies magna et amara valde.*

Responsorium: *Dum veneris iudicare saeculum per ignem.*

Vers 3: *Requiem aeternam dona eis, Domine: et lux perpetua luceat eis.*

Responsorium: *Libera me …*

Übersetzung: Befreie mich, O Herr! vom ewigen Tode an jenem schrecklichen Tage; wenn die Himmel zittern und die Erde: da du kommen wirst zu richten die Welt durch das Feuer. / Ich bin in Ängsten und fürchte mich sehr, wenn das Gericht kommt und der künftige Zorn. / Wenn die Himmel zittern und die Erde. / Jener Tag ist ein Tag des Zornes, des Elends und der Trübsal; und ein großer und sehr bitterer Tag. / Da du kommen wirst zu richten die Welt durch das Feuer. / Herr! Gib ihnen die ewige Ruhe, und das ewige Licht leuchte ihnen. / Befreie mich …

Wenn in St. Florian eine *Requiem*-Vertonung mit anschließendem *Libera* erklang, wählte man Werke verschiedener Komponisten, das sorgte für Abwechslung. So erklangen im März 1854 nach dem Tod des Prälaten Michael Arneth in St. Florian an vier aufeinanderfolgenden Tagen jeweils ein *Requiem* und ein *Libera me*. Am ersten Tag von Mozart (*Requiem*) und Bruckner (*Libera me* WAB 22), am zweiten von Preindl und Aumann, am dritten von Bruckner und Albrechtsberger, am vierten von Aumann und Stadler. Dieses *Libera me* Bruckners für seinen Gönner Arneth ist nicht seine einzige Vertonung des Textes. Wann und warum die andere Vertonung, das *Libera me* WAB 21 in F-Dur, entstand, ist nicht bekannt. Lediglich aufgrund des Stils datiert es die Bruckner-Literatur auf die Kronstorfer Zeit, doch solche Einschätzungen können täuschen. Das *Libera me* ist stilistisch nicht weit entfernt von Bruckners *Ave Maria* WAB 5 (ebenfalls in F-Dur), das erst 1856 entstand, es spricht also nichts dagegen, dass Bruckner das *Libera me* WAB 21 erst in St. Florian komponierte. Allerdings ist es in St. Florian nicht überliefert, wurde dort also vermutlich nicht gesungen und weist auch einige Merkwürdigkeiten auf, die es wenig tauglich erscheinen lassen: So vertont Bruckner dafür den Text ohne Berücksichtigung der Liturgie, das Responsum ist nicht von den Versen abgetrennt und wird nicht wiederholt, an einigen Stellen (etwa bei »tremens factus sum ego«) ist die Textdeklamation falsch, vor allem aber ist das Werk über weite Strecken von einer heiteren Stimmung, die es der Situation und den Bildern des Textes wenig angemessen erscheinen lässt. In die Florianer Begräbnismusiken fügt sich das nicht.

Ganz anders tritt uns Bruckner im *Libera me* WAB 22 entgegen, jener Komposition, die im März 1854 bei den Exequien für Propst Arneth nach dem *Requiem* von Mozart erklang. Hier ist der liturgische Text vollständig mit allen Wiederholungen vertont, Orgel, Bässe und drei Posaunen begleiten den fünfstimmigen Chor. Vom späteren Bruckner-Ton ist das Werk noch weit entfernt, doch es ist auf der Höhe seiner Zeit, das düstere f-Moll und der teils kontrapunktische Satz, von seufzenden Vorhalten durchzogen, sind Anlass und Text angemessen. Hie und da klingt das *Requiem* Mozarts nach, das Bruckner lebenslang bewunderte. Das *Libera me* ist ein Meilenstein in Bruckners Entwicklung als Komponist und hat deshalb mehr Aufführungen und größere Aufmerksamkeit verdient, als ihm bislang entgegengebracht wurden.

Das Mariengebet: Ave Maria

WAB 5 für Chor, Sopran- und Alt-Solo, Cello und Orgel
entstanden 1856
Dauer ca. 4 Minuten

WAB 6 für siebenstimmigen Chor
entstanden 1861
Dauer ca. 3 Minuten

WAB 7 für Alt-Solo und Tasteninstrument
entstanden 1882
Dauer ca. 5 Minuten

Das *Ave Maria* ist das populärste Mariengebet und zusammen mit dem *Pater noster* eines der bekanntesten christlichen Gebete überhaupt. Zwei Textgestalten sind zu unterscheiden. In der Liturgie, z. B. als Antiphon zum Offertorium oder als Alleluja-Vers an Marienfesten, findet sich die kürzere Gestalt, sie kombiniert die Worte des Erzengels Gabriel mit den Worten Elisabeths aus dem Lukasevangelium:

Ave Maria, gratia plena: Dominus tecum.
Benedicta tu in mulieribus: et benedictus fructus ventri tui.

Übersetzung: Gegrüßet seist du Maria, voll der Gnade, der Herr ist mit dir, du bist gebenedeit unter den Frauen, und gebenedeit ist die Frucht deines Leibes.

Seit dem Mittelalter war es üblich, diesen Zeilen nicht nur den Namen Jesus anzuhängen (mithin die Leibesfrucht zu benennen), sondern auch eine kurze Bitte:

Sancta Maria, Mater Dei, ora pro nobis peccatoribus, nunc et in hora mortis nostrae, Amen.

Heilige Maria, Mutter Gottes, bitte für uns Sünder, jetzt und in der Stunde unseres Todes, Amen.

Diese längere Fassung fand Eingang in das Stundengebet und in den volkstümlichen Gebetsschatz. Bruckner vertonte in seinen drei *Ave Maria* ausschließlich diese längere Version, also nicht die Offertoriums-Antiphon. Und doch erklangen seine Vertonungen in der Liturgie als Offertorium, etwa bei der Uraufführung des *Ave Maria* WAB 6 in Linz. Alle drei Vertonungen Bruckners stehen in F-Dur, der Name Jesu ist in allen durch dreifache Anrufung hervorgehoben. Von diesen Gemeinsamkeiten abgesehen unterscheiden sich die Werke deutlich.
Das *Ave Maria* WAB 5 entstand ein halbes Jahr nach Bruckners Stellenantritt in Linz, die Partitur ist auf den 24. Juli 1856 datiert: Bruckner widmete das Werk seinem ehemaligen Florianer Kollegen und lebenslangen Freund, dem Chorleiter Ignaz Traumihler, zum Namenstag am 31. Juli. Eine Aufführung des Stücks in St. Florian ist anekdotisch überliefert, aber nicht belegt. Das Werk ist für Chor, Sopran- und Alt-Solo sowie Generalbass (Orgel und Cello) geschrieben. Stilistisch zerfällt es in zwei Teile: Der Anfang ist fugiert, klassisch federnd im Andante, im Stil des Florianer Lieblings Michael Haydn. Umso stärker der Kontrast zur Akklamation »Jesus« in der Mitte. In A-cappella-Klängen, mit Fermaten gedehnt, steigern sich die drei Anrufungen in die Höhe bis nach As-Dur. Die Rückkehr zum populären Anfangstonfall bei »Sancta Maria« wirkt danach etwas blass. An einer kurzen Passage des Werks scheint Bruckner aber

dauerhaft Gefallen gefunden zu haben: Die schlichte, Mozartsche Halbschlusswendung auf dem Wort »Maria« (T. 8/9) baute Bruckner später in seine Messe in F sowie in die Zweite und Dritte Sinfonie ein. Man hat dieser Wendung aufgrund ihres ersten Auftritts im *Ave Maria* den Namen »Marienkadenz« gegeben.[64]

Bruckners zweite Vertonung, das *Ave Maria* WAB 6, ist ein Schlüsselwerk. Bruckner schrieb es in der Mitte seiner Linzer Zeit, sechs Jahre nach Dienstantritt als Domorganist. Bruckners Produktivität als Komponist war in den ersten sechs Linzer Jahren zurückgegangen. Er verwendete seine freie Zeit für die Studien beim Wiener Hoforganisten und Professor Simon Sechter, die er 1861 beendete, und in diesem Jahr schrieb er das *Ave Maria.* Dass es einen anderen Ton anschlägt als sein Vorgängerwerk, mag mit dem Anlass zu tun haben. Der Linzer Chor »Frohsinn«, dessen Leiter Bruckner zu dieser Zeit war, feierte sein Gründungsfest mit einem Hochamt im Linzer Dom und einer A-cappella-Messe des Barockkomponisten Antonio Lotti (1667–1740) – ein Werk im alten Stil. Dieses inspirierte Bruckner, sich vom spätklassischen Stil zu verabschieden und Älteres in seine eigene Musiksprache zu integrieren. Bereits die ersten Takte eröffnen eine neue Welt: Eine Oberstimme so schlicht wie ein Psalmton, dazu die Klangfolge F–d–F, eine einfache altertümliche Wendung, die man in der Klassik kaum finden wird. Womöglich kannte Bruckner sie aus älterer Musik, denn sie findet sich in einer Palestrina-Motette aus den Beständen von St. Florian.[65] Mit diesen Klängen tönt der englische Gruß »Ave Maria« der Frauenstimmen aus der Höhe; in der Tiefe antworten die Männerstimmen, singen von der irdischen »Frucht deines Leibes«, Jesus, dessen künftiges Leiden durch Dissonanzen angekündigt wird. Und wieder steht in der Mitte die dreifache Akklamation des Namens Jesu, hier anders gestaltet als im früheren Werk, keine Modulation in entlegene Tonarten; ein A-Dur-Akkord erklingt zunächst zwei Mal doppelchörig im versunkenen Pianissimo und dann plötzlich siebenstimmig, ekstatisch, fortissimo. Alles, was typisch werden sollte für die geistlichen Chöre Bruckners, kündigt sich in diesem Werk an: die Gliederung des Verlaufs entlang der Einheiten des Textes, die Abwechslung von herben archaischen Klängen mit romantischer Harmonik, das Nebeneinander von introvertierten und extrovertierten Momenten.

Das *Ave Maria* WAB 7 verdankt sich einem Anlass anderer Art. Bruckners frühe Biografen haben das Werk mit Louise Hochleitner in Verbindung gebracht, die Bruckner 1881 während eines Sommeraufenthaltes in Wels kennengelernt haben soll. Die Anekdote weist einige Unstimmigkeiten auf, auch die angebliche Widmung an Hochleitner ist nicht dokumentarisch belegt.[66] Tatsache ist, dass das Werk im Februar 1882 entstand, und die ungewöhnliche Besetzung für Altstimme und Begleitung von Klavier, Orgel oder Harmonium legt nahe, dass das Werk für eine bestimmte Sängerin komponiert wurde. Aufführungen zu Lebzeiten sind nicht bekannt, das Werk gelangte erst posthum an die Öffentlichkeit. Sollte es jemals ein Widmungsexemplar gegeben haben, so ist es verschollen wie auch das Autograph aus Bruckners Nachlass. Zu Beginn des Werks schlägt Bruckner den schlichten Ton seiner Jugendwerke an, der hier, zur Zeit der Siebten Sinfonie, wie ein Zitat klingt. Nur im Zentrum des Werks, bei der dreifachen Jesus-Akklamation und der Bitte »Sancta Maria«, weitet Bruckner die Harmonik ins Ungeheure, kombiniert altertümliche Fortschreitungen mit Wagner'scher Harmonik und verliert sich in entlegene Tonarten. Als müsste er nach diesem Ausbruch das Geschehen wieder beruhigen, wiederholt Bruckner die vollständige Bitte »Sancta Maria«. Dafür zitiert er (T. 59/60) die zwei entsprechenden Takte aus dem zwanzig Jahre älteren *Ave Maria* WAB 6 und lenkt alles wieder in geordnete Bahnen, das Werk klingt ruhig aus.

Eine sehr wertvolle Arbeit: Afferentur regi

für Chor und Posaunen
entstanden 1861
Dauer ca. 2 Minuten

Das Aufführungsmaterial dieser Komposition trägt das Datum vom 13. Dezember 1861. Es war das Fest der heiligen Lucia, und zu diesem Festtag gehörte das Offertorium *Afferentur regi.*

Afferentur regi virgines post eam:
proximae ejus afferentur tibi in laetitia et exsultatione,
adducentur in templum regi Domino.

Übersetzung: In ihrem [der Königstochter] Gefolge werden Jungfrauen zum König geleitet: Ihre Freundinnen führt man zu dir mit Freude und Jubel, sie werden in den Tempel geführt vor ihren König und Herrn. (Psalm 44)

Sechs Jahre nach seinem Weggang aus St. Florian schrieb Bruckner wieder ein Werk für seine Heimat und alte Wirkungsstätte. Anders als das *Ave Maria* WAB 6 des gleichen Jahres weist das *Afferentur regi* mit seiner Satztechnik auch zurück in diese Zeiten. Den drei Textzeilen folgend setzt der Chor drei Mal a cappella mit der Imitation eines holzschnittartigen Themas aus fallender Quinte und steigender Quarte ein. Das dritte Mal (»adducentur«) ist als Reprise der ersten Zeile angelegt, so dass sich eine dreiteilige Form ergibt. Vereinzelt stützen Posaunen den Chor, die aber nicht eigenständig hervortreten. Kurz vor Schluss klingt von fern das »Recordare« aus dem Mozart-Requiem an, das ebenfalls in F-Dur und im 3/4-Takt steht.

Bruckner scheint dieses kleine Werk geschätzt zu haben. Als sechs Jahre später, 1867, seine Messe in D am Wiener Hof auf dem Programm stand, bat Hofkapellmeister Herbeck um zwei Einlagen, und Bruckner antwortete: »Ich bin hier so frei *Graduale* ›Afferentur‹ und *Offertorium* ›Ave Maria‹ Ihrer gnädigen Einladung gemäß zu übersenden.«[67] Bruckner bezeichnet das *Afferentur*, liturgisch ein Offertorium, als Graduale. Knapp zwei Jahrzehnte später widmete Bruckner das daraufhin nicht mehr aufgeführte Werk Johann Baptist Burgstaller, welcher Priester und Chorleiter an der Votivkapelle des Neuen Domes in Linz war. Dort erklang Bruckners Werk zu Mariä Verkündigung am 25. März 1886, eingelegt in die *Missa brevis in honorem Reginae sacratissimi rosarii* von Max Filke (1855–1911) für vierstimmigen Chor a cappella. Auch hier fungierte Bruckners Werk als Graduale, denn als Offertorium sang man Johann Evangelist Haberts *Ave Maria*. Bruckners Werk, ursprünglich für eine Märtyrerin gedacht, legte man mit Blick auf den Festtag großzügig als marianisch aus. Der Kopist des Widmungsexemplars schrieb auf den Titel zunächst ausdrücklich »Offertorium als Graduale«, das »als« wurde aber später ausradiert und ein Schrägstrich gesetzt: »Offertorium / Graduale«. Ob das eine besondere Bedeutung hatte, ist nicht bekannt. Es war ohnehin üblich, beliebige Stücke als Einlage zu singen. Der Rezensent des *Linzer Volksblatts* war jedenfalls angetan. Das Werk fügte sich in den gemäßigt cäcilianischen Kontext der Werke von Filke und Habert: »Es ist eine – in kurzem Rahmen – gehaltene, aber sehr wertvolle Arbeit, denn das originelle knappe Thema ist im Contrapunkte angelegt und erscheint in der Umkehrung wiederholt auf, der contrapunktistische strenge Satz wird gemildert und verklärt durch angeschlossene schöne und liebliche, melodiös klingende Harmonie-Finalen. In Ermangelung von Trombonen wurde der Part von der Orgel ersetzt.«[68]

Geistlicher Männerchor: Inveni David

für Männerchor und Posaunen
entstanden 1868
Dauer ca. 3 Minuten

Das Offertorium *Inveni David* ist Bruckners einzige lateinische Komposition für Männerchor. Am 10. Mai 1868 feierte der Linzer Chor »Frohsinn« sein jährliches Gründungsfest mit einem Hochamt im Alten Dom und sang die barocke Vokalmesse von Antonio Lotti – wie schon zum Fest im Jahre 1861 (siehe S. 95). Bruckners *Ave Maria* WAB 6 diente dieses Mal als Graduale (damals als Offertorium), für das Offertorium schuf Bruckner Neues. Der 10. Mai war der Gedenktag des heiligen

Antonius von Florenz, für ihn galt das Proprium »am Feste eines Bischofs und Bekenners« (*Commune confessoris pontificis*), darunter das Offertorium *Inveni David*; der Text entstammt dem Psalm 89 (bzw. 88 in der griechischen Zählung). Wenn dieses *Commune* in der Osterzeit gesungen wurde, und das war am 10. Mai 1868 der Fall, schloss das Offertorium mit dem Alleluja-Ruf.

Inveni David servum meum, oleo sancto meo unxi eum:
manus enim mea auxiliabitur ei,
et brachium meum confortabit eum. Alleluja.

Übersetzung: Ich habe David zu meinem Diener erkoren, mit meinem heiligen Öl ihn gesalbt: Denn meine Hand wird ihm Hilfe gewähren, und mein Arm ihn stärken. Alleluja.

Das Werk beginnt mit dem Männerchor allein in f-Moll, eine leise aus der Tiefe aufsteigende Bewegung im Einklang. Oktavsprünge im Forte mit Posaunen schreibt Bruckner zu den Worten »oleo sancto«, bei »unxi eum« stehen sich Chor und Posaunen wechselchörig in kräftigen Fortissimo-Akkorden gegenüber. Mit den Worten »manus enim mea« kehrt die Musik ins Pianissimo zurück, aber die Harmonien weiten sich chromatisch in entlegene Tonarten: ein kontrastierender Mittelteil, denn bei »et brachium« erklingt wieder der Anfang, nun im Forte. Mit den Schlussworten (noch vor dem Alleluja) wendet sich das Werk nach Dur. Wo das Alleluja liturgisch nicht vorgesehen war, konnte das Werk in T. 31 schließen, am 10. Mai 1868 schloss sich der vielfach wiederholte österliche Alleluja-Ruf an. Bruckner überließ die Partitur der Liedertafel und scheint sich um das Werk nicht mehr gekümmert zu haben. Weitere Aufführungen zu Lebzeiten sind nicht bekannt.

Schutzengel: In sanctum angelum custodem (»Iam lucis orto sidere«)

für Chor
entstanden 1868
Dauer: jede der 8 Strophen ca. 40 Sekunden

Bruckners erstes geistliches Werk, das im Druck erschien, ist ein vierstimmiger Schutzengel-Hymnus. Grund für die Publikation war nicht das Interesse eines kommerziellen Verlegers, sondern eine Privatinitiative, deren öffentliche Reichweite begrenzt war. Beim Text handelt es sich nicht um den ambrosianischen Hymnus mit der gleichen Anfangszeile (»Iam lucis orto sidere, deum precemur supplices«), sondern um eine Neudichtung der Bruckner-Zeit:

Iam lucis orto sidere
dignare, custos Angele!
Montis fugare nubila
Et alma ferre lumina;
Me recta prudens edoce,
ut exsequar me commone.
(7 weitere Strophen)

Übersetzung:
Nun sich erhob der Sonne Pracht,
scheuch von der Seele mir die Nacht,
Schutzengel mein, verlass mich nicht,
lass leuchten mir dein Himmelslicht!
Was recht und gut ist, lehr mich seh'n,
den Weg der Weisheit heiß mich geh'n.

Der Dichter war Pater Robert Riepl aus dem Zisterzienserstift Wilhering, zehn Kilometer donauaufwärts von Linz. Die deutsche Übersetzung besorgte ein nicht näher bekannter »V.O. Ludwig«.[69] Riepl war studierter Lateiner und unterrichtete am Gymnasium in Linz. Er soll mit Bruckner befreundet gewesen sein. Mit der ambrosianischen ersten Zeile und den paarweise reimenden, jambischen Dimetern knüpft der Dichter an die klassische kirchliche Hymnendichtung an. 1868 ließ der Linzer Bischof den Text für den liturgischen Gebrauch zu. Bruckners Werke dieses Jahres zeigen, wie flexibel Bruckner auf Anlass und Auftraggeber stilistisch reagieren konnte. Er schrieb 1868 an der Messe in F, eine Orchestermesse von großer Dimension für die Wiener Hofkapelle; gleichzeitig schrieb er für den Linzer Chor »Frohsinn« und für den Alten Dom das kleine *Inveni David* mit Posaunenbegleitung; für die Votivkapelle im Neuen Dom und im Kontext der e-Moll-Messe schrieb er im gleichen Jahr das *Pange lingua* in e-Phrygisch für Chor a cappella, und für die Schutzengelbruderschaft schrieb Bruckner einen schlichten Choral für vierstimmigen gemischten Chor nach Art seiner frühesten *Tantum ergo*, nur noch schlichter als diese. Keine einzige Imitation findet sich hier, lediglich ein Unisono in T. 9 weicht vom Choralgestus ab, und tatsächlich bezeichnete Bruckner das Werk später als »Choral«.[70] »E-Phrygisch« ist das Werk allerdings nicht, auch wenn es manchmal so bezeichnet wird. Es hat das Vorzeichen fis und steht in e-Moll.

Leopold Nowak hat das kleine Stück in der Gesamtausgabe in drei Fassungen veröffentlicht. Die erste Fassung folgt dem Erstdruck in Gestalt einer Doppelseite: links der Notentext wie bisher beschrieben, rechts der lyrische Text aller Strophen. Für zwei Takte sind im Notentext Varianten mit minimalen Veränderungen der Stimmführung angegeben: ein ungewöhnliches und drucktechnisch aufwendiges Verfahren, das in keinem Verhältnis zum Umfang des Werks steht. Nowaks dritte Fassung folgt einer Neuausgabe des Hymnus, die 1886 in der Familienzeitung *An der schönen blauen Donau* erschien, eine Fassung nur für Männerchor, transponiert nach g-Moll, abgedruckt sind lediglich die Strophen 1, 2, 7 und 8. Ob Bruckner an dem Arrangement beteiligt war, ist nicht bekannt, den Druck ziert ein Faksimile seiner Unterschrift. Nowaks zweite Fassung bezieht sich auf die früheste Quelle, eine Abschrift des Werks mit autographen Einträgen Bruckners, offenbar die Vorlage für den Erstdruck. Bruckner schreibt hier unter den Chorsatz »Begleitung wie oben«, was Nowak dazu veranlasste, eine Orgelstimme als Begleitung hinzuzufügen, die den Chor verdoppelt, um damit eine Fassung mit Orgel von einer Fassung ohne Orgel zu unterscheiden. Außerdem sind in dieser Handschrift die oben besagten Alternativ-Takte eingetragen, zunächst mit »besser« markiert, dann aber durchgestrichen. Schließlich hat das Werk hier eine andere Textgestalt. Die zweite Zeile lautet hier z.B. »o angelo piissime«. Man kann nur spekulieren, was dahintersteckt. Womöglich nahm Riepl zwischen Druckvorlage und Druck nochmals Änderungen am Text vor. Vielleicht entstanden auch während des Vorgangs der Approbation Änderungen. Ob Bruckner wünschte, dass die Alternativtakte im Druck erscheinen, ist ebenfalls fraglich.

Makellos: Locus iste

für Chor
entstanden 1869
Dauer ca. 4 Minuten

Als Jakob im biblischen Buch Genesis aus dem Traum von der Himmelsleiter erwacht, sagt er zu sich: »Wahrlich, der Herr ist an diesem Ort und ich wusste es nicht.« Und dann ängstlich: »Ehrfurcht gebietend ist dieser Ort. Er ist nichts anderes als das Haus Gottes und das Tor des Himmels.« Jakob stellt einen Stein auf und sagt: »Dieser Stein soll ein Gotteshaus werden.« Die Geschichte Jakobs ist die Urgeschichte der Tempelgründung. Aus Jakobs Worten wurden so die Texte für Einweihungen von Gotteshäusern und für deren jährliches Gedenkfest, das Kirchweihfest. Schon der Introitus dieses Festes greift auf die Worte Jakobs zurück: »terribilis est locus iste« (»Ehrfurcht gebietend ist dieser Ort«). Auch das Graduale zum Kirchweihfest greift diesen »locus iste« auf:

Locus iste a Deo factus est,
inaestimabile sacramentum,
irreprehensibilis est.

Übersetzung: Dieser Ort ist von Gott geschaffen, ein unschätzbares Sakrament, das makellos ist.

Bruckner vertonte diesen Text (ohne den darauffolgenden Vers) mit Blick auf die Einweihung der Votivkapelle des Neuen Linzer Doms, wie auch die e-Moll-Messe und das *Pange lingua*. Die Partitur entstand im August 1869, einen Monat vor der Einweihung, die sich immer wieder verzögert hatte. Bruckners Messe war schon

1866 fertig geworden, das *Pange lingua* 1868. Das *Pange lingua* hatte in e-Phrygisch an die Tonart des Kyrie der Messe angeknüpft, das *Locus iste* steht in der Tonart von Gloria und Credo, zwischen denen es erklingen sollte: in C-Dur. Doch es erklang nicht bei der Einweihung; vielleicht erwies es sich (wie das *Pange lingua*) als unpassend für die Freiluftaufführung. Seit der ersten Bruckner-Biografie von August Göllerich und Max Auer ist zu lesen, das *Locus iste* sei schon wenige Wochen später nachträglich am Bestimmungsort uraufgeführt worden. Wörtlich heißt es bei den frühen Biografen, das Werk sei »am 29. Oktober 1869, am Kirchweih-Sonntag in der Votivkapelle des neuen Domes in Linz unter Johann Burgstaller zum erstenmal gesungen« worden.[71] Das aber kann nicht stimmen. Der 29. Oktober war ein Freitag, und den allgemeinen Kirchweih-Sonntag hatte Joseph II. auf den dritten Sonntag im Oktober gelegt, das wäre 1869 der 17. Oktober gewesen. Stimmt also das Datum nicht? Oder feierte man am 29. Oktober ein Monatsgedächtnis der Kirchweihe vom 29. September? Das wäre ungewöhnlich; in den lokalen Zeitschriften oder in der Korrespondenz Bruckners ist nichts dergleichen überliefert. Vielleicht beruht der ganze Bericht der frühen Biografen auf einem Missverständnis? Zweifelsfrei belegt ist nur die erste Aufführung in Wien: Am 30. Juli 1876, also sieben Jahre nach der Fertigstellung der Komposition, dirigierte Bruckner in der Hofburgkapelle seine Messe in F. Als Offertorium erklang das bewährte *Ave Maria*, als Graduale das *Locus iste*. Es fügte sich tonartlich problemlos in den neuen Kontext, stehen doch Gloria und Credo auch bei dieser Messe in C-Dur.

Die Architektur des Werks ist leicht zu überblicken. Der erste, harmonisch stabile Teil vertont die Worte »locus iste a Deo factus est«. Ein harmonisch bewegter Mittelteil begleitet die Zeilen 2 (»inaestimabile sacramentum«) und 3 (»irreprehensibilis est«), am Ende kehren Wort und Ton des ersten Teils zurück, wenngleich diese Reprise liturgisch nicht vorgesehen ist. Den ersten vier Takten gibt Bruckner ihr Gepräge mit zwei Dissonanzen in einer Welt reiner Dreiklänge. Zu Beginn halten die Unterstimmen den C-Dur-Dreiklang, der Sopran steigt mit den Worten »locus iste« vom Grundton C schrittweise abwärts und reibt sich mit der großen Septime *h* am liegenden C-Dur-Klang.[72] Die zweite Dissonanz ist der Quartvorhalt im d-Moll-Akkord von Takt 4, auf der Silbe »a Deo factus est«. Danach wiederholt Bruckner die viertaktige erste Zeile, intensiver, einen Ton höher beginnend, nun mezzoforte und forte, dann wieder ins Piano zurücksinkend.

Nach diesem gefassten Anfang kommt im Mittelteil Bewegung ins Geschehen. Da sind zunächst die Worte »inaestimabile sacramentum«, die sofort intensiviert wiederholt werden, einen Ton höher und fortissimo. Im Bass ergibt sich als Grundlage dieser Fortschreitung die Kreuzfigur B–A (T. 13–16), C–H (T. 17–20). Es folgt der intensivste Moment, die fortschrittlichste Harmonik, absteigende Chromatik im Tenor, der in dieser basslosen Passage die Unterstimme bildet. Die Bestandteile der vorhergehenden Sequenz erklingen jetzt vertauscht: C–H (T. 21/22), B–A (T. 23/24) und dann noch ein zusätzliches Mal: As–G (T. 25/26). Die Harmonien darüber entstammen einer anderen Klangwelt als die Diatonik des Anfangs: H-Dur, g-Moll, A-Dur, f-Moll, entrückte Klänge über chromatischem Bass. Chromatik steht im 19. Jahrhundert traditionell für Verschiedenes: für Schmerz und Leid, für Liebe und Lust, für Sünde und Makel, für Tod und Passion. Für eines aber nicht, für Reinheit ohne Makel. Warum also Chromatik zu den Worten »irreprehensibilis est«? Es läuft alles auf Takt 26 hinaus. Aus dem chromatischen Bassgang wird wieder die C-Dur-Tonleiter, aus den verwickelten Harmonien geht wieder C-Dur hervor, und so steht nach den Verwirrungen des Mittelteils wieder der Anfang vor uns, unbeirrt und ohne Tadel. Nach der Wiederholung des ersten Teils bricht mit Chromatik und Crescendo nochmals Unruhe in die heile Welt von C-Dur ein (T. 40), doch sie läuft abrupt ins Leere einer Generalpause – ein kurzer Moment des Innehaltens, bevor eine schlichte Kadenz das Werk zum Ende bringt.

Name über alle Namen: Christus factus est

WAB 9 in F-Dur für Chor
entstanden 1844
Dauer ca. 2 Minuten

WAB 10 in d-Moll für achtstimmigen Chor, Streicher und Posaunen
entstanden 1873
Dauer ca. 4 Minuten

WAB 11 in d-Moll für vierstimmigen Chor
entstanden 1884
Dauer ca. 5 Minuten

Drei Mal vertonte Anton Bruckner das *Christus factus est:* ein erstes Mal um 1844 in Kronstorf im Rahmen seiner *Messe für den Gründonnerstag* (S. 41) und dann zweimal für die Hofburgkapelle in Wien, zunächst 1873, also 30 Jahre nach der ersten Vertonung, und schließlich 1884. Den Vertonungen liegt das Graduale der alten Gründonnerstagsliturgie zugrunde, entnommen dem Philipperbrief:

Christus factus est pro nobis obediens usque ad mortem, mortem autem crucis.
Propter quod et Deus exaltavit illum: et dedit illi nomen, quod est super omne nomen.

Übersetzung: Christus ward für uns gehorsam bis zum Tod, bis zum Tod am Kreuz. Daher hat Gott ihn erhöht: Er hat ihm einen Namen gegeben, der über alle Namen ist.

In diesen zwei Zeilen paulinischer Prosa stehen »Passion und Triumph antithetisch auf engstem Raum zusammen«, gipfelnd in der Erwähnung eines Namens, »der über alle Namen ist«.[73] Der Text beschwört eine Instanz jenseits des Sag- und Vorstellbaren, eine Herausforderung an die Vorstellungs- und Darstellungskraft. Bruckners drei Vertonungen dieser Zeilen könnten unterschiedlicher kaum sein, aber immer schenkte Bruckner dem zweiten Teil des Textes, dem Namen über alle Namen, besondere Aufmerksamkeit.
Im *Christus factus est* WAB 9 aus der Kronstorfer *Messe für den Gründonnerstag* bewegt sich Bruckner im homophonen Stil der Landmesse, typisch für seine Werke dieser Zeit. Beide Sätze des Textes beginnen mit einer kurzen und einfachen paarigen Imitation. Den letzten Halbsatz (»quod est super omne nomen«) beginnt Bruckner mit einer ausgedehnteren Imitation und hebt damit schon hier die Besonderheit dieser Stelle hervor.

Dass Bruckner satztechnisch noch unsicher war, zeigen die Oktavparallelen zwischen T. 25 und 26.
Die zweite Vertonung, das *Christus factus est* WAB 10, entstand in Wien. Bruckner hatte inzwischen seine drei großen Messen und vier Sinfonien geschrieben (inklusive Studiensinfonie und »Annullierte«), saß an der d-Moll-Sinfonie, die die Dritte werden sollte. Wann und warum er das *Christus factus est* schrieb, ist nicht bekannt. Die Uraufführung fand zum Fest Mariä Empfängnis am 8. Dezember 1873 statt, liturgisch gesehen ein wenig angemessener Tag. Bruckner legte das Stück in seine Messe in F ein, als Offertorium folgte (dem Anlass angemessener) das *Ave Maria* WAB 6. Das *Christus factus est* ragt heraus aus Bruckners Chormusik mit seiner Besetzung für achtstimmigen Chor, Posaunen, Streicher und Violinen ad libitum. Zur Achtstimmigkeit bricht das Stück allerdings erst durch, wo vom »Namen über alle Namen« die Rede ist.[74] Der Anfang ist schlicht wie ein Choral, ein Unisono der Frauenstimmen (die in der Hofkapelle Knabenstimmen waren). Der Chorsatz beginnt erst mit der zweiten Zeile, die Bruckner über 50 Takte ausdehnt. Davon entfallen nur neun Takte auf den ersten Halbsatz (»propter quod et Deus exaltavit eum«), der den Klang mit einem Fugato von der Einstimmigkeit zur Vierstimmigkeit steigert. Die restlichen 40 Takte drehen sich um einen einzigen Satz, den Satz vom »Namen«. In einem gewaltigen Aufbau über chromatisch ansteigendem Bass, abwechselnd mit Posaunenklängen, steuert der Chor auf einen großen Doppelpunkt zu: »et dedit illi nomen«. Daraufhin spricht der Chor in zwei erneuten Steigerungswellen das »super omne nomen« aus. Hier schreibt Bruckner Klangflächen, die über das hinausgehen, was

in der Kirchenmusik seiner Zeit vorstellbar war: Der Ton As liegt als Pedalton im Bass, die sieben darüberliegenden Stimmen singen nacheinander einsetzend und ineinander übergreifend eine aufsteigende c-Moll-Tonleiter durch zwei Oktaven und darüber hinaus bis zur Mollterz Es, ein ungeheurer Aufstieg, der sich am Ende, also auf dem Höhepunkt der Kraft, nochmals um einen weiteren Schritt erhebt, bis zur Durterz E: Die Musik bricht durch nach C-Dur. Doch die Steigerung beginnt noch einmal, um einen Ton höher und verschärft: Nun liegt der Ton B im Bass, und die Oberstimmen singen – wie zuvor – die C-Dur-Tonleiter, die auf ihrem Weg aufwärts nach D-Dur mutiert: in die Ausgangstonart des Stücks. Eine Kadenz, monumental über acht Takte gedehnt, bekräftigt die Tonart. Doch Triumph ist nicht das letzte Wort. Von der Achtstimmigkeit kehrt Bruckner zur Vierstimmigkeit zurück, vom Fortissimo ins Piano, vom triumphalen Dur zu verhaltenen Tönen. Über liegendem Bass reiben sich Ketten absteigender Dissonanzen, in die sich mit den Tönen Es und B nochmals Moll-Anklänge mischen. Bruckner zitiert in diesem meditativen Schluss die Schlusstakte des Kyrie aus seiner Vokalmesse (»e-Moll-Messe«): Die Huldigung an den Namen »super omne nomen« mündet mit diesem Zitat in eine Bitte um Erbarmen.

Zwei Jahre nach der Uraufführung legte Bruckner wieder *Christus factus est* WAB 10 und *Ave Maria* WAB 6 in eine Messe ein, dieses Mal in seine Messe in D. Es war ein Sonntag im Hochsommer. Am Gründonnerstag, zu dem es liturgisch eigentlich gehörte, hat Bruckner sein *Christus factus est* WAB 10 nie gehört. Das gilt auch für seine letzte Vertonung des Textes, das *Christus factus est* WAB 11. Es entstand im Frühsommer 1884 und wurde

am 9. November in der Hofkapelle uraufgeführt, als Einlage in die Messe in F. Warum Bruckner nach elf Jahren das Vorgängerwerk zu ersetzen suchte, ist nicht bekannt. Es ist der älteren Vertonung nahe: Auch dieses *Christus factus est* steht in d-Moll, sogleich in T. 2 des neuen Werks findet sich eine wörtliche Übernahme aus T. 2 des früheren. Auch an einer anderen Stelle knüpft Bruckner an den Vorgänger von 1873 an: Er zitiert am Ende die meditative Orgelpunktpassage des früheren Werks – die dort bereits ein Zitat war –, die Kyrie-Bitte aus der Messe. Gleich geblieben ist auch die Gesamtproportion mit Schwerpunkt auf der Anrufung des Namens. Andere Parameter haben sich verändert: Bruckner verzichtet auf Instrumente und auf die Achtstimmigkeit und schreibt wieder für vierstimmigen Chor a cappella. Die Harmonik ist nochmals fortgeschritten: Bruckners Stil hatte sich mit der Revisionsperiode zwischen 1876 und 1879, in der er seine Sinfonien überarbeitet hatte, und seit der Begegnung mit Wagners *Ring* (1876) und *Parsifal* (1882) nochmals gewandelt. Die Zeit des ersten Wiener *Christus factus est* war die Zeit der Dritten Sinfonie; als Bruckner sein letztes *Christus factus est* schrieb, waren die Siebte und das *Te Deum* vollendet. Hier ist später Bruckner zu hören: d-Moll, f-Moll, Des-Dur, e-Moll, F-Dur, d-Moll, D-Dur – die Harmonik schillert in allen Farben.
Auch hier stellte Bruckner den Sinn der Worte musikalisch dar: »Obediens« heißt so viel wie »folgsam« oder »gehorsam«, und Bruckner schreibt dazu einen Kontrapunkt mit vielen Überbindungen, den man den »gebundenen« Stil nannte. Diese Gebundenheit führt zunächst abwärts, nicht nur durch die ganze Tonleiter im Bass, auch durch die Tonarten. Von d-Moll ausgehend dun-

kelt sich die Musik immer weiter in die B-Tonarten ein, bis hinab nach f-Moll (»mortem autem crucis«), wo sich der Klang schließlich wieder nach Des-Dur aufhellt. Das Stichwort »exaltavit« zeichnet Bruckner auch hier mit Steigerung, Crescendo und Aufwärtsbewegung. Bei den Worten »et dedit illi nomen« fällt alles wieder in die Stille zurück, verhalten und trocken deklamiert der Chor die Worte zweimal. Eine Ruhe vor dem Sturm, der nun einsetzt. Sechs Mal ertönt das »quod est super omne nomen«, nimmt immer wieder Anlauf, bis das Geschehen auf dem Höhepunkt mit einer Generalpause abbricht. Danach spricht der Chor den Namen über alle Namen noch einmal im dreifachen Fortissimo aus, mächtig abwärtsschreitend in Akkorden, mit denen sich das Geschehen allmählich beruhigt. Als Ausklang fügt Bruckner wieder das Kyrie-Zitat an. Die beiden Wiener Vertonungen des *Christus factus est* enden identisch.

Mariä-Empfängnis-Chor: Tota pulchra es

für Tenor-Solo, Chor und Orgel
entstanden 1878
Dauer ca. 5 Minuten

»Dem Durchlauchtigsten und Hochwürdigsten Herrn Bischof Franz Joseph« (»Illustrissimo ac reverendissimo Domino Francisco Josepho Episcopo«) ließ Bruckner in goldenen Lettern auf die Partitur drucken, die er dem Linzer Bischof Rudigier im Jahre 1878 widmete. Ein Entwurf zur Widmung enthielt noch die Datumsangabe »zum 5. Juni 1878«, das war das 25-jährige Dienstjubiläum Rudigiers, ein großes Fest für Linz. Der Gemeinderat forderte die Hausbesitzer auf, ihre Häuser zu beflaggen und zu dekorieren, und die Gemeinden der Region machten Rudigier zum Ehrenbürger.[75] Der Neue Dom war noch eine Baustelle, im Gebrauch war nur die Votivkapelle. Am Festtag erklang in der Kapelle eine Messe des österreichischen Cäcilianers Johann Evangelist Habert mit einem gregorianischen Choral als Introitus, einem Graduale von Palestrina, einem Offertorium von Johann Kaspar Aiblinger (1779–1867), einem *Te Deum* von Michael Haller (1840–1915) und einem *Tantum ergo* von Adolf Festl (1826–1902).[76] Begonnen hatten die Feierlichkeiten am Vortag mit einer Abendandacht, in dieser erklangen ein *Ecce sacerdos* von Karl Waldeck, Bruckners Freund und Amtsnachfolger in Linz, eine Lauretanische Litanei von Habert, ein *Tantum ergo* des Regensburger Organisten Joseph Hanisch (1812–1892) und schließlich Bruckners *Tota pulchra es* für Chor und Orgel.

Ob Bruckner den Text auswählte oder vorgelegt bekam, ist nicht bekannt. Das *Tota pulchra es* hatte keinen liturgischen Ort, es handelt sich um ein Mariengebet in Form einer Litanei, zusammengestellt aus verschiedenen Quellen. Im 19. Jahrhundert zählte es zu den Marienantiphonen, gemeinsam mit dem *Salve Regina*, dem *Alma redemptoris mater*, dem *Ave Regina* und dem *Regina coeli*; katholische Gesangbücher verbanden den Text mit einer gregorianischen Melodie. Ein Handbuch der Marienverehrung kommentierte: »Dieser antiphonale, dem Triumphlied der Judith (Jud. 15,10) nachgebildete Lobgesang zu Ehren der unbefleckten Empfängnis Mariens ist erhaben in seinem Ausdrucke und rührend in seiner Melodie; bei einem wohlgeordneten Chore wird er als Schlußgesang gewöhnlich der Lauretanischen Litanei beigefügt.«[77] So geschah es auch in Linz, und mit dem Thema der Unbefleckten Empfängnis war eine Beziehung zu Bischof Rudigier und seinem Dom hergestellt.

Vorsänger: *Tota pulchra es, Maria.*
Chor: *Tota pulchra es, Maria.*
V: *Et macula originalis non est in te.*
Ch: *Et macula originalis non est in te.*
V: *Tu gloria Ierusalem.*
Ch: *Tu laetitia Israel.*
V: *Tu honorificentia populi nostri.*
Ch: *Tu advocata peccatorum.*
V: *O Maria.*
Ch: *O Maria.*
V: *Virgo prudentissima.*
Ch: *Mater clementissima.*
V: *Ora pro nobis.*
Ch: *Intercede pro nobis ad Dominum Jesum Christum.*

Übersetzung: Überaus schön bist du, Maria, und die Erbschuld ist nicht in dir. Du bist der Ruhm Jerusalems, die Freude Israels, die Ehre unseres Volkes, du Fürsprecherin der Sünder, Maria, du klügste Jungfrau, du mildeste Mutter, bitte für uns, tritt für uns ein bei unserem Herrn Jesus Christus.

Bruckner hielt sich streng an den responsorialen Wechsel von Solo und Chor. Der Tenor-Solist singt alle Verse des Vorsängers, dem Chor sind die Antworten anvertraut. Wo der Chor die Worte des Vorsängers nachsingt, wiederholt Bruckner die Melodie des Vorsängers in der Oberstimme des Chores, bei den Worten »O Maria« kehrt die Melodie des Anfangs (»tota pulchra es, Maria«) zurück. Bruckner verwendete allerdings nicht die Melodie aus dem Liederbuch, die ihm wenig harmonischen Spielraum gelassen hätte, er erfand eine neue Melodie im Geiste des Chorals, diatonisch, ohne ♯ und ♭. Erst kurz vor Schluss erlaubt er sich eine Abweichung. Der Vorsänger beginnt mit »virgo prudentissima«, der Chor singt die Melodie nach mit den Worten »mater clementissima«; dabei gleitet die Melodie immer leiser in eine falsche Tonart, verliert sich ins ferne Des-Dur. Mit dem Vorsänger, der fortissimo einsetzt (»ora pro nobis«) und hier zum einzigen Mal ein ♭ zu singen hat, kehrt die Musik zurück ins Gewohnte. Am Ende des ausgedehnten Schlussabschnitts zitiert Bruckner die Schlusskadenz des *Christus factus est* (die ja ihrerseits ein Anklang an das Kyrie der e-Moll-Messe ist).

Die einzigartige Faktur des Werks erklärt sich aus dem Kontext der Feierlichkeit: Der Autor des *Tantum ergo* (Hanisch) war ein eingefleischter Cäcilianer aus Regensburg, dem Zentrum der Bewegung; die Litanei stammte von Habert, dem Anführer der gemäßigten Österreicher; der Autor des *Ecce sacerdos* (Waldeck) war ein Gegner der Cäcilianer. Und mittendrin: Anton Bruckner. Da in der Kapelle kein Platz für ein Orchester war, beschränkte sich die Kirchenmusik auf Vokalmusik, höchstens mit Orgelbegleitung, auch lud der neogotische Dom zu historisierenden und strengen Kompositionen ein. Mit der responsorialen Struktur, der choralartigen Melodie des Vorsängers, den vielen Vorhalten und altertümlichen harmonischen Wendungen, fügte sich Bruckner in diesen Kontext. Da wirken das Abgleiten der Tonart an einer Stelle und der verminderte Septakkord der Schlusskadenz wie zwei Zeichen, dass hier eben kein Cäcilianer spricht, sondern Anton Bruckner.

Lydisch a cappella: Os justi / Alleluja. Inveni David

für Chor (und Orgel im Inveni David)
entstanden 1879
Dauer ca. 4 Minuten

Noch deutlich hört man Bruckners Berührungen mit dem Cäcilianismus im *Os justi.* Es entstand für den Florianer Chorleiter Ignaz Traumihler, der von allen Florianer Kirchenmusikern dem Cäcilianismus am nächsten stand. Mit Bruckner war er seit der gemeinsamen Zeit in St. Florian freundschaftlich verbunden und ließ Bruckners Werke regelmäßig spielen. 1879 erfuhr Bruckner, dass Traumihler ein *Os justi* wünschte, zum Gedenktag des heiligen Augustinus, ein hohes Fest für die Augustiner-Chorherren von St. Florian, zu dem als Graduale das *Os justi* gehörte. »Wenn ich nicht irre, so wünschten H Regens von mir ein *Os justi*«, schrieb Bruckner Ende Juli 1879 an Traumihler und schickte ihm sein einziges Werk, bei dem er eine Kirchentonart angibt: »Lydisch«, schrieb Bruckner über die Partitur, das entsprach dem cäcilianischen Geist so wie die demonstrative Angabe »alla capella«. Doch nicht genug. Bruckner ließ Traumihler wissen: »Sehr würde ich mich freuen, wenn Euer Hochwürden ein Vergnügen daran finden sollten. Ohne ♯ und ♭; ohne Dreiklänge der 7. Stufe; ohne 6/4 Akkord, ohne Vier- und Fünfklänge.«[78] So umriss Bruckner die Technik, mit der er den Stil der Alten nachahmen wollte: keine Vorzeichen, nur die weißen Tasten des Klaviers, nur Dreiklänge (außer dem verminderten) in erster und zweiter Position. Aus diesem kargen Material baute Bruckner große Musik.

Os justi meditabitur sapientiam,
et lingua ejus loquetur judicium:
Vers: *Lex Dei ejus in corde ipsius:*
Et non supplantabuntur gressus ejus.

Übersetzung: Der Mund des Gerechten verkündet Weisheit, und seine Zunge redet das Rechte. Das Gesetz seines Gottes in seinem Herzen, und seine Schritte werden nicht straucheln.

Die erste Textzeile lässt Bruckner zwei Mal singen, zunächst in Dynamik und Umfang verhalten, beim zweiten Mal schwingt sich die Musik vom Piano zum Forte auf, von der Dreistimmigkeit zur Achtstimmigkeit und in die Extreme des Ambitus. Die plötzlich ausbrechende Energie entlädt sich in eine ausgedehnte Sequenz von Vorhaltsdissonanzen. Ganz anders der Mittelteil (»et lingua ejus«), der aus einer merkwürdigen Fuge besteht. Hunderte Fugen hatte Bruckner seit seiner Studienzeit geschrieben, aber hier probiert er Ungewöhnliches, ausgerechnet zu den Worten »seine Zunge redet das Rechte«: eine Zirkelfuge nämlich, eine Fuge also, bei der die Stimmen nicht abwechselnd auf Grundton und Dominante einsetzen, sondern jedes Mal eine Quinte höher, bis sich der Zirkel schließt und wieder den Anfang erreicht. Da Bruckner ohne Vorzeichen nur die ›weißen Tasten‹ der Diatonik verwendet, ist das bei ihm nach sechs Tönen der Fall: G-D-A-E-H-F-C[-G]. Bis zu diesem Moment steigert sich die Musik in einem kontinuierlichen Crescendo, danach sinkt sie wieder ins Piano zurück und steigert sich noch einmal zum Fortissimo. Mit den Worten »lex Dei ejus in corde ipsius« kehrt zunächst die Stimmung, dann wörtlich die Musik des Anfangs wieder. Hier schloss Bruckner das Werk vorerst ab, fragte aber bei Traumihler verunsichert nach: »Ists der ganze Text?«

Tatsächlich hatte ihm offenbar der falsche Text vorgelegen, und Bruckner hatte die Introitus-Antiphon *Os justi* vertont, die kürzer als das Graduale gleichen Namens ist; es fehlte die Zeile »et non supplantabuntur«.[79] Als Bruckner auf den Irrtum aufmerksam wurde, löschte er in seiner Partitur die bisherige letzte Zeile und fügte Musik ein, die auch den fehlenden Text enthielt. Offenbar hatte Traumihler ihn auch um einige Überarbeitungen gebeten, denn Bruckner revidierte den fugierten Mittelteil und glättete einige bewegte Rhythmen zu längeren Notenwerten. Schließlich bat Traumihler Bruckner, auch noch das Alleluja zu vertonen, das in der Liturgie (als eigenes Stück) direkt auf das Graduale folgte. Bruckner hängte seinem Graduale deswegen eine einstimmige und unrhythmisierte Alleluja-Intonation nach Art eines gregorianischen Chorals an. Ein vollständiges Alleluja besteht aber außer der Intonation aus mindestens einem Vers und einer Wiederholung des Alleluja. Am Augustinus-Tag war der passende Vers die erste Zeile des *Inveni David* (S. 99), also lieferte Bruckner (auf einem anderen Blatt) auch noch das *Inveni David* WAB 20. Es handelt sich um den lediglich einstimmigen Psalm mit Orgelbegleitung, an dessen Ende wieder das Alleluja steht. Bei Aufführungen und Einspielungen erklingt Bruckners Werk heute meist in sinnloser Gestalt, nämlich das *Os justi* mit angehängtem einfachem Alleluja. Dieses Alleluja am Ende des *Os justi* ist aber nicht der Schluss des Graduale, sondern der Anfang eines neuen Stücks, das wiederum nur mit Vers und wiederholtem Alleluja vollständig ist. Man sollte daher entweder nur das *Os justi* singen und vor dem Alleluja aufhören, oder aber das vollständige Alleluja mit dem *Inveni David* anhängen.

Choralharmonisierungen: Veni creator spiritus und Ave regina caelorum

Veni creator spiritus für einstimmigen (Chor-)Gesang und Orgel
entstanden um 1884 (?)
Dauer: pro Strophe ca. 1 Minute

Ave regina caelorum für einstimmigen (Chor-)Gesang und Orgel
entstanden um 1886
Dauer ca. 3 Minuten

Im Jahr 1931 fand der Chorleiter des Prämonstratenser-Stifts Schlägl ein Manuskript, das sich als Handschrift Bruckners herausstellte. Es enthält eine Harmonisierung des gregorianischen Pfingsthymnus *Veni creator spiritus*. Jedem Ton des Chorals gibt Bruckner einen Akkord, notiert in langen Noten. Das erschwert eine flüssige Darbietung des Chorals, entspricht aber der Choralpraxis, wie sie Lehrbücher des 19. Jahrhunderts darstellen.[80] Auch Bruckners Harmonien folgen dem Brauch der Zeit und lassen keine besonderen Ambitionen erkennen, die bei der schlichten Melodie auch kaum zu realisieren gewesen wären. Warum Bruckner das Werk schrieb, wie es ins Mühlviertel kam, und ob es jemals aufgeführt wurde, ist nicht bekannt.

Der gleiche Kompositionstyp liegt im *Ave regina* von 1886 vor, einem Choral mit akkordischer Orgelaussetzung. Anders als dort vertont Bruckner hier jedoch nicht die zum Text gehörige Choralmelodie – oder jedenfalls keine Melodie, die heute bekannt ist. Vermutlich erfand

Bruckner die Tonfolge selbst, sie ist dem Choralidiom dicht angepasst. Die erste Phrase (die im Stück mehrfach wiederkehrt) erinnert an den Anfang des *Kyrie cuncti-potens genitor*, das Kyrie für die Duplexfeste, zu denen das Fest Mariä Verkündigung am 25. März zählt, und an diesem Fest fand das Werk laut Bruckners Biografen in Klosterneuburg seine Uraufführung. Vielleicht sollte man diesem Anklang nicht zu viel Bedeutung zumessen, zumal zu einem Marienfest nicht das *Kyrie cunctipotens* gehört hätte, sondern eine der gregorianischen Marienmessen.

Musik für einen neuen Bischof: Ecce sacerdos magnus und Virga jesse

Ecce sacerdos magnus für Chor, Orgel und Posaunen
entstanden 1885
Dauer ca. 6 Minuten

Virga jesse für Chor
entstanden 1885
Dauer ca. 4 Minuten

Die Ankunft eines Bischofs war zu Bruckners Zeit ein Ritual mit präziser Choreographie: »Beim Eintritte in die Kirche, wo vor dem Altar für den Bischof ein Betschemel bereitstehen muß, singt der Musikchor die Antiphon *Ecce sacerdos magnus.*«[81] Der Text des Responsoriums, denn um ein solches handelt es sich streng genommen (und nicht um eine Antiphon), lautet wie folgt:

Responsum:
Ecce sacerdos magnus, qui in diebus suis placuit Deo.
Ideo iureiurando fecit illum Dominus crescere in plebem suam.

Vers:
Benedictionem omnium gentium dedit illi, et testamentum suum confirmavit super caput ejus.

Responsum:
Ideo iureiurando ...

Vers / Doxologie:
Gloria patri et filio et spiritui sancto, sicut erat in principio et nunc et semper et in saecula saeculorum, Amen.

Responsum:
Ideo iureiurando ...

Übersetzung:
R: Seht den Hohepriester, der in seinen Tagen Gott gefiel. Darum ließ der Herr ihn durch einen Schwur wachsen in seinem Volk.
V: Segen aller Völker gab er ihm, und bestärkte seinen Bund über seinem Haupt.
R: Darum ließ ...
V: Ehre sei dem Vater und dem Sohn und dem Heiligen Geist, wie es war im Anfang so auch jetzt und alle Zeit und in Ewigkeit, Amen.
R: Darum ließ ...

Im Jahre 1885 zog in Linz ein neuer Bischof ein. Der streitbare, aber populäre Bischof Rudigier, von 1855 bis 1868 Bruckners Dienstherr, war Ende 1884 gestorben. Am 26. April 1885 empfing sein Nachfolger Ernest Maria Müller in Wien die Weihe. Bruckner schrieb in diesen Tagen sein *Ecce sacerdos*, mit dem er am 28. April fertig wurde; am 3. Mai folgte die Inthronisierung des Bischofs in Linz, man feierte ein Volksfest erster Güte. Der Bischof kam von Wien mit der Eisenbahn; schon an der Grenze zu Oberösterreich, bei der Einfahrt in sein Bistum, begrüßten ihn Deputationen mit Kanonenschüssen, in Linz säumte das Volk zu Tausenden die Straßen und geleitete den Bischof zum Stadtpfarrhof, wo er bis zu seiner Amtsübernahme residierte. Am Abend bot man ihm eine Serenade mit Werken von Verdi und Franz von Suppé. Am Folgetag fand die Inthronisierung im Alten Dom statt, denn der Neue Dom war noch nicht bereit für eine große Feierlichkeit, der große Chorraum musste noch unter Dach gebracht werden. »Unter den feierlichen Klängen des *Ecce sacerdos magnus* schritt der hochwürdige Bischof in die Domkirche zum Hochaltar«, berichtete das *Linzer Volksblatt.* Das war allerdings nicht Bruckners Komposition. Er schickte das fertige Werk nämlich erst am 18. Mai nach Linz – also zwei Wochen zu spät: »Obwol mir nur meine Erholungsstunden für die Composition zur Verfügung stehen, und auch die seit langem nicht!!! So habe ich doch Wort gehalten und sende Euer Hochwürden unter Einem das neue *Ecce sacerdos magnus.*«[82] Die Hintergründe sind nicht klar. Dass Bruckner das Werk Ende April in kurzer Zeit fertigstellte, spricht für einen Zusammenhang mit der Inthronisierung, der Brief für einen entsprechenden Auftrag. Warum aber die verspätete Lieferung? In der Presse kommunizierte man schon bald einen anderen Anlass für das Werk: Bruckner habe das *Ecce sacerdos magnus* für das noch im gleichen Jahr anstehende Diözesan-Jubiläum geschrieben, hieß es Ende Juni im Mitteilungsblatt der Diözese. Das junge Bistum Linz feierte 1885 sein hundertjähriges Bestehen mit Feierlichkeiten und Gottesdiensten. Das Jubiläum fand jedoch erst im Oktober statt, warum aber dann die Lieferung schon im Mai? Es sieht so aus, als habe Bruckner das Werk zunächst für die Feier im Mai vorgesehen, wo es dann aber – aus welchen Gründen auch immer – nicht aufgeführt wurde.[83] So wurde es für die

Jubiläumsfeierlichkeiten im Herbst aufgespart, für Sonntag, den 4. Oktober 1885. Es wurde ein großer Tag für Bruckners geistliche Musik. Am Morgen um neun Uhr fand ein Pontifikalamt im Neuen Dom statt, zelebriert vom päpstlichen Nuntius Monsignore Vannutelli. Hier erklang eine Messe von Johann Evangelist Habert mit Bruckners *Virga jesse* und *Ave Maria* als Einlagen. Es sang der Chor des Neuen Domes unter seinem Leiter Johann Burgstaller. Etwas später begann das Bischofsamt im Alten Dom. Dort, im Alten Dom, wirkte Bruckners ehemaliger Chor, die Liedertafel »Frohsinn«, unter Leitung von Adalbert Schreyer. Es erklang Bruckners *Ecce sacerdos*, dann die e-Moll-Messe (sechzehn Jahre nach ihrer Uraufführung), dazu Graduale und *Te Deum* von Karl Waldeck, womöglich auch hier das *Ave Maria*. Bruckner selbst spielte die Orgel.

Bruckner hatte das *Ecce sacerdos* für achtstimmigen Chor, Orgel und drei Posaunen komponiert. Die unterschiedlichen Stilwelten, in denen sich Bruckner mit seinen geistlichen Kompositionen zu bewegen wusste, stehen hier Seite an Seite. Zur Anrufung des Bischofs beschwört Bruckner die majestätischen Klänge seines *Te Deum*, dessen Wiener Uraufführung er während der Arbeit am *Ecce sacerdos* vorbereitete. Schon der Fortissimo-Klang ohne Terz am Anfang evoziert diese Stimmung; a-Moll/Dur, f-Moll und b-Moll stehen nebeneinander: Archaik im Gewand spätromantischer Harmonik. Ein Abbruch durch eine Generalpause trennt den angerufenen Priester von seiner näheren Beschreibung: Mit den Worten »qui in diebus suis placuit Deo« beschreitet Bruckner eine neue Klangwelt. Piano, Fuge, reine Diatonik ohne Vorzeichen – das ist die Welt des *Os justi*, auch hier mit unkonventionellem Einsatz der Stimmen, die zu Beginn jeweils einen Ton höher eintreten. Der Abschnitt mündet in das »Dresdner Amen« (T. 18/19), eine Kadenz aus dem 18. Jahrhundert, der Richard Wagner 1882 mit seinem *Parsifal* neuen Ruhm verliehen hatte. Bruckner hörte das Werk in Bayreuth und verwendete das »Dresdner Amen« konsequent in seinen letzten drei geistlichen Chören, im *Ecce sacerdos*, im *Virga jesse* und im *Vexilla regis*.[84]

Der folgende Abschnitt (das Responsum *Ideo iureiurando*) kehrt wieder zu den massiven Klängen des Anfangs zurück, hier aber nochmals zum achtstimmigen Chor mit Orgel und Posaunen gesteigert. Der nächste Abschnitt (»benedictionem«) bringt wieder anderes. Es ist weder der massive Klang der Rahmenteile noch der karge Satz des »qui in diebus«. Hier schreibt Bruckner einen Satz wie im *Locus iste*, mit weitgehend homophoner und gemäßigt moderner Harmonik. Es folgt die liturgisch vorgesehene Wiederholung des »ideo iureiurando« und dann die Doxologie (»gloria Patri«). Letztere vertonte Bruckner einstimmig als Choral, in einer Rezitationsformel, die Ähnlichkeit mit dem ersten und dem vierten Psalmton hat. Allerdings komponiert Bruckner den Choral anders als in seinen Aussetzungen des *Veni creator* oder *Ave regina*, nämlich nicht in langen Noten, sondern rhythmisiert in schlichter Deklamation. Ob das auf verschiedene Choral-Praktiken an den verschiedenen Aufführungsorten hindeutet, muss dahingestellt bleiben. In einem Brief wies Bruckner ausdrücklich auf die Doxologie hin: »*Sicut erat* ist mir nicht vorgeschrieben; doch habe ich es angemerkt im *Choral*.«[85] Bruckners Hinweis, das *Sicut erat* sei ihm »nicht vorgeschrieben«, lässt auf eine Textvorlage schließen, die man Bruckner gemeinsam mit dem Kompositionsauftrag geschickt hatte. Das *Sicut erat* wegzulassen, ist merkwürdig, man könnte meinen, es sei in der Textvorlage nur weggelassen worden, weil es als Teil der Doxologie ohnehin selbstverständlich war. Im Linzer Aufführungsmaterial für den Chor ist allerdings das »sicut erat« tatsächlich weggelassen, womöglich antworteten die Geistlichen und Ministranten gesprochen oder »im Choral«. Das Werk schließt mit der erneuten Wiederholung des Responsum *Ideo iureiurando*.

Mit der Geschichte des *Ecce sacerdos* ist die Entstehung des *Virga jesse* schon halb erzählt. Das *Ecce sacerdos* hatte Bruckner im Mai nach Linz geschickt (womöglich mit Blick auf die Inthronisierung des Bischofs), das *Virga jesse* stellte er in den Sommerferien in St. Florian fertig und datierte es auf den 3. September. Offenbar ließ er es sofort dem Bestimmungsort zukommen, denn schon zwei Wochen später schrieb das *Linzer Volksblatt:* »Der geniale Bruckner hat ebenfalls auf Ersuchen ein 4-6stimmiges Graduale *Virga jesse floruit in honorem B.M.V.* zum Jubiläum noch komponiert. Leider wird es kaum möglich sein, dieses schöne Opus beim Jubiläum aufzuführen, da diese Komposition sehr schwierig und die Zeit zum Probiren durch dessen Messe und *Ecce sacerdos* und *Ave Maria* vollends absorbiert wird!«[86] Nur mit vereinten Kräften stemmten die Linzer das Programm: Das neue *Virga jesse* und das alte *Ave Maria* übernahm der Chor des Neuen Doms unter Burgstaller, das *Ecce sacerdos* und die alte e-Moll-Messe der Chor des Alten Doms unter Adalbert Schreyer.

Der Text ist ein Alleluja-Vers, der an Marienfesten der Osterzeit zu singen war, zum Anlass also nicht passend, aber zum Neuen Dom schon. Man bezeichnete das *Virga jesse* als »Graduale«, obwohl es sich um ein Alleluja handelt; allerdings trat dieses Alleluja tatsächlich in der Osterzeit an die Stelle des Graduale. Den Alleluja-Ruf am Ende des Verses schloss Bruckner in seine Vertonung ein, den anfänglichen dagegen ließ er aus, womöglich zugunsten einer einstimmigen Intonation.

[Alleluja.] Virga jesse floruit. Virgo deum et hominem genuit. Pacem Deus reddidit, in se reconcilians ima summis. Alleluja.

Übersetzung: [Alleluja.] Die Wurzel Jesse ist erblüht. Die Jungfrau gebar den Gott und Mensch. Frieden gab Gott zurück, da er in sich versöhnte das Tiefste mit dem Höchsten. Alleluja.

Virga jesse ist unter Bruckners geistlichen Chören das Werk mit der reichsten und kühnsten Harmonik. Es beginnt mit basslosem e-Moll-Klang und schlichten Harmonien, die auch einem der strengeren Werke Bruckners entstammen könnten. Aber mit der mehrfachen Wiederholung der Worte »virga jesse« baut sich ein Crescendo auf, das auf »floruit« (»erblüht«) fortissimo in das »Dresdner Amen« mündet: Aus der kargen Wurzel sprießt eine Blume. Nach einer Generalpause setzt das »virga jesse« neu an, jetzt aber in g-Moll, womit der Raum harmonisch geweitet ist. Wieder steigert sich alles in das »Dresdner Amen«, chromatisch verschärft, wieder folgt eine Generalpause. Die folgenden Worte (»virgo Deum et hominem genuit«) bilden einen Fortissimo-Block, der von Ges-Dur nach c-Moll moduliert. Erneut folgt eine Generalpause. Noch einmal geht die Musik zur Stille des Anfangs zurück, nur um sich zu sammeln für die größte Steigerung auf den Worten »pacem Deus reddidit«. Es folgt ein Moment, den Ernst Kurth als »magisch« bezeichnet hat:[87] Sechs Mal spricht der Chor leise das »in se« aus, drei Mal singt der Sopran mit der fallenden kleinen Sexte Es-G die beiden Worte vor, drei Mal antworten die unteren Stimmen mit immer anderen Akkordfolgen, gegen die sich das g des Soprans unterschiedlich reibt, bis sich auf dem Wort »reconcilians« die Stimmen vereinen, sich versöhnen, und in einem großen Aufschwung zur Kadenz in E-Dur führen: die gewagteste Harmonik in Bruckners geistlichem Chorwerk! 60 Takte hat das Stück bis hierher gedauert, ganze 30 Takte nimmt Bruckner sich nun Zeit, um das Alleluja wieder und wieder erklingen zu lassen.

Karfreitag und Tod: Vexilla regis

für Chor
entstanden 1892
Dauer ca. 1,5 Minuten pro Strophe

Das *Vexilla regis* ist Bruckners letzte Komposition für die Kirche, denn der 150. Psalm, den Bruckner noch später komponierte, war eine Festkantate und kein liturgisches Werk (S. 153). Das *Vexilla regis* gehört in die Karwoche. Am Ende der Gründonnerstagsliturgie wurde das Allerheiligste (die gewandelte Hostie) mit einer Prozession zu einem entlegenen Seitenaltar gebracht, dazu erklang das *Pange lingua*. Am Karfreitag dann erklang das *Vexilla regis* zur Prozession, mit der das Allerheiligste zurückkehrt. In Konzerten und Einspielungen erklingt das Werk heute oft mit einem falschen Text. Der Hymnus

Vexilla regis existierte in zwei Textfassungen, denn das Original aus dem 6. Jahrhundert, Venantius Fortunatus zugeschrieben, wurde im Barock in den liturgischen Büchern durch eine Neufassung ersetzt, die auch Bruckner verwendete. In einigen weitverbreiteten chorpraktischen Ausgaben des frühen 20. Jahrhunderts ersetzte man diesen liturgischen Text, wie Bruckner ihn verwendet hatte, wieder durch den ursprünglichen Hymnen-Text. Diese Mischfassung ist bis heute im Gebrauch, die dritte Zeile heißt deswegen heute meist nicht »qua vita mortem pertulit«, sondern »quo carne carnis conditor«. Damit erklingt eine Fassung, die Bruckner nie geschrieben oder gehört hat. Details des Text-Musik-Verhältnisses bleiben unverständlich, denn Bruckners Musik folgt deutlich den Bildern der ersten Strophe in der barocken Revision:

Vexilla regis prodeunt,
fulget crucis mysterium,
qua vita mortem pertulit
et morte vitam protulit.

Übersetzung:
Die Banner des Königs treten vor,
es leuchtet das Geheimnis des Kreuzes,
an dem das Leben den Tod starb
und durch den Tod das Leben erwarb.

Die Musik bündelt ein letztes Mal die für Bruckners Kirchenmusik seit der Linzer Zeit charakteristischen Elemente. Am Anfang steht das Alte: Alla-Breve, lange Notenwerte, Anfang im Einklang, phrygische Tonart, lange Vorhalte, Rückkehr zu Einklang und Unisono-Gesang in Takt 5 – das beschwört die Aura alter Kirchenmusik, gipfelt aber in Takt 7 im »Dresdner Amen«.

Auch die zweite Zeile (»fulget crucis mysterium«) bleibt mit ihren kräftigen grundständigen Akkorden und Vorhalten noch eher im Bereich des Alten, hellt sich vom Phrygischen aber nach E-Dur auf. Erklingt darin das leuchtende Kreuzgeheimnis, von dem der Text spricht? Allzuviel Tonmalerei konnte sich Bruckner nicht erlauben, musste seine Musik doch auf sämtliche Strophen passen (aber doch vor allem auf die erste). In den Zeilen 3 und 4 wird die Harmonik moderner. Dazu gehören die Ausweichung von E-Dur nach F-Dur, die scharf klingenden verminderten Septakkorde auf »vita« (T. 18) und »morte« (T. 25/26) und der plötzliche Durchbruch nach Es-Dur bei »vitam«. Wenn der richtige Text gesungen wird, entsteht hier ein musikalisches Bild von Leben und Tod im österlichen Kampf. Und dann, in einem wunderbaren und typisch Brucknerschen Effekt, ersteht mit dem Wort »protulit« plötzlich wieder die Welt des Anfangs: eine altertümliche plagale Kadenz nach e-Phrygisch, ein archaischer Schlussklang ohne Terz.

die deutschsprachigen werke

Zwei frühe Choräle: In jener letzten der Nächte, Dir, Herr, dir will ich mich ergeben

In jener letzten der Nächte *WAB 17/1*
für Singstimme und Orgel
Fassung für Chor WAB 17/2
entstanden 1848 (?)
Dauer ca. 1 Minute pro Strophe

Dir, Herr, dir will ich mich ergeben *für Chor*
entstanden 1848 (?)
Dauer ca. 1 Minute

Wann Bruckner das deutsche Passionslied *In jener letzten der Nächte* vertonte, ist nicht bekannt, zu vermuten steht die frühe Florianer Zeit. Den Text dichtete Melchior von Diepenbrock (1798–1853), ein katholischer Geistlicher, der mit den Vertretern der deutschen Romantik in enger Verbindung stand.[88] Sein Passionslied ist die Übertragung eines italienischen Flugblattlieds aus dem 18. Jahrhundert. Der anonyme Italiener zitierte darin mit der Refrainzeile »und wer weiß, ob wohl je du auch denkest an mich« ein weltliches Gedicht des berühmten Librettisten Pietro Metastasio: »E tu chi sa se mai, ti sovverai di me.«

In jener letzten der Nächte
Wo ich am Ölberg gebetet,
War ich von Blutschweiß geröthet,
Goß ihn in Strömen für dich:
Weh! und wer weiß, ob wohl je
Du auch nur denkest an mich.

Zwölf weitere Strophen folgen im Gedicht, doch Bruckners Vertonung – erhalten sowohl in einer Fassung für

Singstimme und Orgel als auch in einer Fassung für vierstimmigen Chor – ist nur die erste Strophe unterlegt, in der Praxis lassen sich dem schlichten Satz beliebig viele weitere Strophen hinzufügen.[89] Über den Anlass zur Komposition und über mögliche Aufführungen zu Lebzeiten ist nichts bekannt.

Auf den Text *Dir, Herr, dir will ich mich ergeben* stieß Bruckner vermutlich durch die Begegnung mit Mendelssohns Oratorium *Paulus*, das 1847/48 in Linz aufgeführt wurde. Mendelssohns Librettist hatte den Text dem barocken Totenlied *Herr Gott, du kennest meine Tage* entnommen. Die neunte Strophe des Lieds bildet in Mendelssohns Oratorium die Nr. 9, auch Bruckner vertont einzig diese Strophe:

Dir, Herr, dir will ich mich ergeben,
Dir, dessen Eigenthum ich bin.
Du nur allein [Bruckner: Nur du allein], du bist mein Leben
Und Sterben wird mir dann Gewinn.
Ich lebe dir, ich sterbe dir.
Sey du nur mein, so gnügt es mir.

Bruckner überschrieb seine Vertonung (wie Mendelssohn) mit »Choral«, tatsächlich steht sowohl bei Mendelssohn als auch bei Bruckner nach Art eines Bach-Chorals an jedem Zeilenende eine Fermate. Wo Mendelssohn in f-Moll schrieb, entschied sich Bruckner für A-Dur. Die Harmonik ist schlicht, schlichter noch als bei Mendelssohn.

Zum Namenstag des Propstes: Entsagen und andere Prälatenkantaten

Entsagen *für Sopran- oder Tenor-Solo, Chor und Klavier WAB 14*
entstanden 1851 für Propst Michael Arneth
Dauer ca. 6 Minuten

Heil, Vater! Dir zum hohen Feste *für Chor und Bläser WAB 61a*
entstanden 1852 für Propst Michael Arneth
Dauer ca. 10 Minuten

Auf, Brüder! auf, und die Saiten zur Hand *für Chor und Bläser WAB 60*
entstanden 1855 für Propst Friedrich Mayer
Dauer ca. 8 Minuten

Festgesang *für Soli, Chor und Klavier WAB 15*
entstanden 1855 für Stiftsdechant Jodok Stülz
Dauer ca. 9 Minuten

Auf, Brüder! auf zur frohen Feier *für Chor und Bläser WAB 61b*
Umarbeitung von ***Heil, Vater! Dir zum hohen Feste***
entstanden 1857 für Propst Friedrich Mayer
Dauer ca. 10 Minuten

Darf man Bruckners kleine Kantate *Entsagen* für Soli, Chor und Klavier zu den geistlichen Werken zählen? Immerhin bezeichnete Bruckner das Werk selbst als »ein geistliches Lied« und fügte hinzu: »aus *Amaranth* von

Oscar von Redwitz.« Das romantisch-katholische Versepos *Amaranth* des deutschen Dichters war kurz zuvor erschienen und unter Katholiken sehr beliebt, auch in St. Florian. Die Hauptfigur Amaranth ist von ihrem Vater, einem Minnesänger, großgezogen worden, sie liebt einen Mann, der bereits vergeben ist. Im ersten Gesang (vierstimmiger Chor) bittet das Mädchen um Kraft zur Entsagung, im zweiten (Solo) schwört sie der Liebe zu ihrem Geliebten ab, den sie im dritten (Chor) unter den Schutz der Jungfrau Maria stellt. Bruckner schrieb das Werk zum Namenstag seines »Gönners und Herrn«, des Prälaten Michael Arneth, es war der 29. September 1851. Die Begleitung mit Klavier (und nicht mit Orgel) macht deutlich, dass das Werk nicht für die Kirche gedacht war, sondern für ein Konzert in den Räumlichkeiten des Stifts. Weltliche Literatur mit katholischer Tendenz, komponiert von einem Laien zu Ehren eines Klerikers, gespielt in einem weltlichen Konzert in einem geistlichen Stift: Klare Grenzen zwischen geistlicher und weltlicher Sphäre lassen sich nicht ziehen.

Deutlicher auf der weltlichen Seite stehen die drei folgenden Florianer Kantaten für den Namenstag des Propstes: eine weitere für Michael Arneth (1852) und zwei für dessen Nachfolger Friedrich Mayer, von denen die zweite eine Neutextierung der zweiten Arneth-Kantate ist. Für alle drei dichtete Ernst Marinelli (1824–1887) den Text, ein Florianer Chorherr und Bruckners Altersgenosse. *Heil, Vater! Dir zum hohen Feste* lautete der Titel der zweiten Arneth-Kantate, die 1857 für Mayer umgedichtet wurde in *Auf, Brüder! auf zur frohen Feier.* Dazwischen stand die erste Mayer-Kantate mit dem Titel *Auf, Brüder! auf, und die Saiten zur Hand!* Alle drei Kantaten sind für gemischten Chor und Blasorchester geschrieben, der Grund dafür war, dass die Kantaten jeweils in einer Serenade am Vorabend des Festes im Prälatengarten im Rahmen weltlicher Konzerte erklangen.

Etwas aus der Reihe fällt die Kantate für Jodok Stülz (1799–1872), die wir hier exemplarisch betrachten. Stülz war Geistlicher und Historiker in St. Florian. 1835 veröffentlichte er eine *Geschichte des regulirten Chorherrenstiftes St. Florian*, 1843 wurde er Stiftspfarrer, 1844 Mitglied der Bayerischen Akademie, 1846 erhielt er den Titel des »kaiserlich-königlichen Reichhistoriographen«, 1847 wurde er Mitglied der kaiserlichen Akademie der Wissenschaften in Wien, 1848 Abgesandter im Paulskirchenparlament, 1854 Stiftsdechant und schließlich 1859 Propst von St. Florian. Für Bruckner war Stülz eine wichtige Bezugsperson, zunächst als Vorgesetzter, aber auch privat, währte der Kontakt doch über Bruckners Florianer Zeit hinaus. Zum Namenstag am 13. Dezember 1855 widmete Bruckner – zu dieser Zeit schon mit einem Fuß in Linz – dem Dechant eine Kantate, womöglich als Abschiedsgeschenk. Der Textdichter ist nicht namentlich bekannt; es steht zu vermuten, dass es wiederum der Chorherr Ernst Marinelli war. Das Werk für Chor, Solisten und Klavierbegleitung besteht aus je zwei Rezitativen, Arien und Chören. Kein Blasorchester begleitet hier den Chor, sondern nur ein Klavier. Womöglich war der Anlass privat und keine offizielle Auftragskomposition des Stifts, die Mittel deswegen beschränkt. Womöglich war auch das Wetter schuld: Anders als bei den Pröpsten Michael und Friedrich fiel der Namenstag des Dechant Jodok nicht in die schöne Jahreszeit; eine Serenade im Garten stand also nicht in Aussicht, und nur für diese brauchte man Bläser zur akustischen Unterstützung. Anders als in den anderen Prälatenkantaten mit ihren Chören und Liedern zeigt sich im *Festgesang* eine traditionelle Kantaten-Form mit Rezitativen. Solche Kantaten waren noch immer beliebt, vor allem bei Huldigungen und Feierlichkeiten im Zwischenbereich geistlicher und weltlicher Sphären. Schon als Kind hatte Bruckner Franz Schuberts Kantate zu Ehren von Joseph Spendou gesungen, auch dort eine Anlage mit Rezitativen, Arien, Ensembles und Chören. Die ersten Zeilen des Werks preisen den heiligen Jodokus, der einer Adelsfamilie entstammte und zum Einsiedler wurde:

Sankt Jodok spross aus edlem Stamme,
der Glanz der Welt hätt' ihm gelacht.
Doch ihm war Gott der höchste Name,
und dem hat er sich dargebracht.

Nach der zweiten Strophe wendet sich der Blick vom Heiligen dem angesprochenen Namensträger zu: Jodok Stülz. In der Textvorlage geschieht dieser Perspektivwechsel zwischen zweiter und dritter Strophe, Bruckner jedoch verbindet beide Strophen zu einer einzigen Arie, der Perspektivwechsel ereignet sich deswegen mitten in der ersten Arie, an unpassender Stelle. War Bruckner die entscheidende Zäsur im Text entgangen? Ab der vierten Strophe dann schildert die Kantate Stülz in seinen persönlichen Eigenschaften mit Berichten aus seinen Leben:

Du pflegst das Herz der lieben Kleinen,
du führst Erwachsene zu Gott.
Nicht minder ziert dich edles Wissen.
Du kennst Geschichte meisterhaft,
und was Archive tief verschließen,
hast manches du ans Licht geschafft.

Während sich die Bedeutung hier von selbst erschließt, bedarf eine andere Stelle der Erläuterung:

Aus weiter Fern' bist du gekommen,
ihr beizustehn in Streit und Tod,
als du die Kunde dort vernommen,
dass ihr die böse Seuche droht.

Es geht um ein Ereignis im September 1855, unmittelbar vor der Entstehung der Kantate: Der Linzer Bischof Rudigier nahm Stülz als Reisebegleiter mit auf eine Visitation der österreichischen Chorherrenstifte. Als die Delegation in Neustift bei Brixen weilte, brach in St. Florian die Cholera aus, Stülz brach die Reise ab und eilte zurück zu seiner Herde.[90]

Nichts wird mir mangeln: Psalm 22 (23)

für Soli, Chor und Klavier
entstanden um 1852
Dauer ca. 6 Minuten

Bruckners Psalmvertonungen sind ausnahmslos deutschsprachig. Grundlage dafür war die »Allioli-Bibel«, die erste deutsche Übersetzung der Bibel mit päpstlicher Druckerlaubnis. Das Werk des Theologen Joseph Franz Allioli (1793–1873) erschien zwischen 1830 und 1834 in sechs Bänden und blieb lange Zeit die populärste Bibel in deutscher Sprache. Bei der Zählung der Psalmen hielt Allioli sich an die griechische Septuaginta und die lateinische Vulgata, während Luthers Übersetzung die Zählweise der hebräischen Fassung übernommen hatte.

So kam es zu zwei alternativen Nummerierungen der Psalmen, wobei die jeweils höhere stets die hebräische (im deutschsprachigen Raum: lutherische), die niedrigere die katholische Zählung der Vulgata ist. Bruckner bezog sich auf die katholische Zählweise, folglich vertont die Komposition, die Bruckner als »Psalm 22« überschrieb, den Text, der als »Psalm 23« bekannter sein dürfte: »Der Herr ist mein Hirte, mir wird nichts mangeln«, wie es in der Lutherbibel heißt, oder: »Der Herr regieret mich, und nichts wird mir mangeln«, wie Allioli das lateinische »Dominus regit me« wörtlich übersetzt.

Bruckner vertonte den Psalm für vierstimmigen Chor, Solisten und Klavier. Die Komposition war nicht als liturgisches Werk gedacht, sondern als Beitrag für ein Konzert. Das zeigt sich einerseits an der Besetzung mit Klavier, andererseits an der deutschen Sprache, die als Chorgesang in der Liturgie keinen Platz hatte. Das Werk besteht aus einem Eingangschor im pulsierenden $^{12}/_{8}$-Takt und einer Fuge (»daß ich wohne im Hause des Herrn«) mit virtuos figuriertem Klavierpart, die in einen A-cappella-Choral über das Fugenthema mündet. Die Bilder des Textes greift Bruckner auf: Am Anfang steht mit dem $^{12}/_{8}$-Takt ein Pastorale-Topos, den bei »denn wenn ich auch wandle mitten im Todesschatten« vorübergehend Unruhe trübt. Ganz am Ende dehnt Bruckner den schwebenden Choral mit Wortwiederholungen: »auf lange, lange, lange Zeit«.

Bitte um Erlösung: Psalm 114 (116)

für fünfstimmigen Chor und Posaunen
entstanden 1852
Dauer ca. 8 Minuten

Bruckners *Psalm 114* (Psalm 116 nach hebräischer Zählung) hat eine besondere Geschichte. Bruckner schickte das Werk dem Wiener Hofkapellmeister Ignaz Aßmayr mit Widmung zum Namenstag am 31. Juli 1852 und stimmte im Begleitschreiben klagvolle Töne an: »Herr Hofkapellmeister gaben mir voriges Jahr den heilsamen Auftrag, fleißig fortzuarbeiten, was ich auch getreulich nach meinen Kräften thue. Als einen kleinen Beweis meiner Erfüllung war ich so frei, beiliegenden Psalm als schwachen Versuch Hochdemselben zu hohen Namensfeste zu widmen; ich bitte sich nicht vielleicht wegen meiner Schwäche darüber beleidigt zu finden, und in jeder Beziehung Schonung und Nachsicht zu haben. Es sei dieß nur ein Beweis meiner großen Verehrung gegen Sie. Ich habe hier [in St. Florian] gar keinen Menschen, dem ich mein Herz öffnen dürfte, werde auch in mancher Beziehung verkannt, was mir oft heimlich sehr schwer fällt. Unser Stift behandelt Musik und folglich auch Musiker ganz gleichgültig – oh, könnte ich wieder recht bald mündlich mit Ihnen sprechen! Ich kenne Ihr vortreffliches Herz – welch ein Trost! Ich kann hier nie heiter sein, und darf von Plänen nichts merken lassen.«[91] Bruckners Empfindungen werden der Situation nicht gerecht. Das Stift hatte Bruckners Entwicklung früh gefördert, seine Werke hatten ihren Platz in Gottesdienst und Konzert. Doch Bruckner war unzufrieden mit seinem Leben als Lehrer-Organist und suchte Wege zu einer rein musikalischen Tätigkeit. Sein *Requiem* hatte den Zuspruch Aßmayrs gefunden, der damit zum möglichen Retter in der Not wurde. Der Psalm ist pathetisch, doch so sah es offenbar in Bruckners Innerem aus: »Es umgaben mich die Schmerzen des Todes«, heißt es zu Posaunenklängen, »es trafen mich die Gefahren der Hölle, Trübsal und Schmerz fand ich: da rief ich den Namen des Herrn an: O Herr, erlöse meine Seele.« Ob es Aßmayr peinlich berührte, dass er zum Herrn und Retter stilisiert wurde? Was hielt er davon, dass Bruckner in diesem musikalischen Bitt- und Bewerbungsschreiben alle kontrapunktischen Künste zusammennahm für eine Doppelfuge über den Text »Ich will gefallen dem Herrn«? Eine Reaktion des Herrn Aßmayr ist nicht überliefert.

Auf dem Friedhof: Zwei Totenlieder, Vor Arneths Grab und Am Grabe

***Zwei Totenlieder** für vierstimmigen Chor*
entstanden 1852
Dauer jeweils ca. 1 Minute

***Vor Arneths Grab** für vierstimmigen Männerchor und Posaunen*
entstanden 1854
Dauer ca. 4 Minuten

***Am Grabe** für Männerchor*
entstanden 1861
Dauer ca. 3 Minuten

Viele Kulturen kennen Klagegesänge für Verstorbene, gesungen am Totenbett oder bei der Beisetzung. Auch im Christentum hielten sich neben der offiziellen lateinischen Liturgie volkssprachliche Gesänge für Begräbnisse, einige davon überregional verbreitet, andere ad hoc für bestimmte Verstorbene gedichtet und vertont. In Bruckners Zeit war das in Österreich der Brauch der »Totenlieder«.[92] Sie waren häufig dreistimmig, so konnte der Schulmeister (als Autor und Bass) die Lieder mit den Schulknaben (Sopran und Alt) an der Bahre oder am offenen Grab singen. Oft spricht der Verstorbene durch den Mund der Sänger, so auch bei Bruckner:

O ihr, die ihr heut mit mir zum Grabe geht
und bei meinem Leichnam jetzt versammelt steht,
heftet eure Sinn und Herzen nicht an diese Eitelkeit!
Sucht nur Gottes Reich und die Gerechtigkeit.

Dass der Dichter des Lieds ein Lehrer namens Zacharias Gindlstrasser war, wissen wir nur, weil sich der Text auch in einer Sammlung von Totenliedern des oberösterreichischen Schulmeisters Cajetan Schwaiger findet, dort mit Namen des Autors und sechs weiteren Strophen. Wahrscheinlich kam Bruckner über den Auftraggeber in den Besitz des Gedichts: Bruckner schrieb die Totenlieder 1852 auf Bitten von Josef Seiberl, Bruckners Freund aus Linzer Präparandie-Tagen und Schulmeister in Marienkirchen an der Polsenz, wo die Lieder vermutlich uraufgeführt wurden. Warum Bruckner zwei Vertonungen des gleichen Textes lieferte, ist nicht bekannt. Er bezeichnete die Lieder als »No. 1« und »No. 2«, das eine in Es-Dur und 4/4-Takt, das andere in F-Dur und 3/4-Takt, beide ähnlich in der Anlage: weitgehend homophone,

choralartige Harmonik im Stil der Zeit, vergleichbar den Gesängen aus Schuberts Deutscher Messe.
Zwei Jahre später schrieb Bruckner erneut ein Totenlied. Dieses Mal lag der Anlass näher. Bruckner schrieb es – wie auch das *Libera me* WAB 22 – für das Begräbnis des Florianer Propstes Michael Arneth im Jahre 1854: *Vor Arneths Grab* hieß das Werk, der Textdichter war wiederum Marinelli.

Brüder, trocknet eure Zähren,
stillt der Schmerzen herbes Leid,
Liebe kann sich auch bewähren
durch Ergebungsinnigkeit.

Wohl ist dies das letzte Schauen
auf die Leiche und den Sarg,
doch die Seele, die sie barg,
triumphiert durch Gottvertrauen.

Drum lasst uns den Herren preisen,
der den Edelsten erwählt
und für uns, die armen Waisen,
auch den Himmel offen hält!

Wollen hier am Grab geloben
Treue, Recht und frommen Sinn,
dass der Selige dort oben,
hat sich unser Geist erhoben,
uns zum Vater führe hin.

Hier spricht nicht der Verstorbene, hier sprechen die Hinterbliebenen, die sich als »Waisen« bezeichnen, als hätten sie in Arneth den Vater verloren. Tatsächlich nahm das Stift immer wieder Waisenkinder auf, Bruckner selbst war nach dem Tod seines Vaters eines davon, und womöglich spielte in der langjährigen Beziehung zwischen Bruckner und Arneth das Bild des Ersatzvaters eine Rolle. Bruckner vertonte das Werk für Männerchor und drei Posaunen, die Instrumente der Bläsertrauermusik, der Aequale. Über weite Strecken verdoppeln die Posaunen die Gesangsstimmen, an einer Stelle jedoch – am Eingang zur vierten Strophe – gibt Bruckner ihnen ein kontrapunktisches Zwischenspiel. Die ersten beiden Strophen vertont Bruckner strophisch, also mit gleicher Musik; die dritte und vierte dagegen sind durchkomponiert mit je eigener Musik, und das erlaubt das Zwischenspiel für die Posaunen. Dieses Zwischenspiel, die Moll-Tonart und der insgesamt düsterere Ton heben dieses Totenlied ab von den beiden früheren.

Bruckner schätzte das Werk offenbar und verwendete es sieben Jahre später nochmals. Am Faschingsdienstag des Jahres 1861, es war der 12. Februar, erschien in der *Linzer Zeitung* die folgende Notiz: »Bei Gelegenheit des Leichenbegängnisses der Kaufmannswitwe Frau Josefine Hafferl exekutirte die Liedertafel ›Frohsinn‹ einen von ihrem Chormeister Herrn Bruckner componirten Grabgesang, der nicht verfehlte auf die Anwesenden einen tiefen Eindruck auszuüben. Durch die ganze Composition weht der Hauch zarter Empfindung und frommen Gottvertrauens. Diese Intention schwebte dem Componisten vor, und er löste seine Aufgabe vortrefflich.«[93] Die kleine Notiz ist die erste Erwähnung des Komponisten Bruckner in der Presse. Die Verstorbene war die Mutter von Joseph Hafferl, dem Vorsitzenden der Liedertafel. Bruckner verwendete erneut den Text, den er sieben Jahre zuvor für die Beisetzung Arneths verwendet hatte, ließ lediglich die letzte Strophe weg und verzichtete auf die Posaunenbegleitung, nannte das Werk nun *Am Grabe*. Die beiden Werke ähneln sich in der Männerchorbesetzung, der Tonart f-Moll, den Modulationen und der rhythmischen Deklamation des gleichen Textes, sind aber musikalisch nicht identisch. Bruckners kleine Änderungen der Melodie- und Stimmführung lassen sich als Vorzeichen eines stilistischen Wandels deuten, der sich in den ersten Linzer Jahren ereignete und der einige Monate später im *Ave Maria* WAB 6 ganz zum Ausdruck kommen sollte.

Der Unbekannte: Psalm 146 (147)

für Soli, Doppelchor und Orchester
entstanden um 1855 (?)
Dauer ca. 30 Minuten

Die Entstehung dieses Werks liegt im Dunkeln. Warum Bruckner es schrieb und ob es je aufgeführt wurde, ist nicht bekannt. Bruckners Handschrift deutet auf eine Entstehung vor 1858 hin, es handelt sich also um ein Werk der frühen Linzer Zeit oder der letzten Florianer Monate. Die ausgedehnte Schlussfuge ist kein Hinweis auf eine spätere Entstehung: Solche Fugen hatte Bruckner zu Beginn seiner Florianer Zeit ausgiebig studiert und seine Fähigkeit schon in den beiden früheren Florianer Psalmvertonungen unter Beweis gestellt. Ebenfalls schon dort hatte Bruckner den Text in Abschnitte geteilt und in einzelnen Nummern vertont. Der Psalm 146 ist allerdings deutlich länger, es ergibt sich eine ausgedehnte, kantatenartige Gestalt:

1. Chor: Alleluja, lobet den Herrn
2. Rezitativ: Der Herr bauet Jerusalem

3. Chor: Groß ist unser Herr
4. Arioso mit Chor: Der Herr nimmt auf die Sanften
5. Arioso: Der Herr hat Wohlgefallen
6. Schlusschor mit Fuge: Alleluja, lobet den Herrn

Anders als beim klavierbegleiteten Psalm 22 und bei den Posaunen des Psalms 114 schreibt Bruckner hier für großes Orchester mit Holzbläsern, Streichern, Trompeten, Pauken und Posaunen, der gemischte Chor ist doppelchörig geteilt. Sollte das alles tatsächlich noch in St. Florian entstanden sein, wäre es ein gewaltiger Sprung nach den beiden früheren Psalmvertonungen. Auch den Anlass kann man sich kaum in St. Florian vorstellen, denn dort stand bei Konzerten kleiner besetzte Musik auf dem Programm. Der Stil des Werks ist wechselhaft. Am Anfang schlägt Bruckner keinen triumphalen Alleluja-Ruf an, vielmehr heben Streicher, Solo-Horn und Chor pianissimo in feinem, Mendelssohnschen Ton an – eine der schönsten und originellsten Eingebungen des jüngeren Bruckner. Von klanglichem Reiz ist auch das folgende Rezitativ, dessen drei Sätze Bruckner auf drei Solo-Stimmen mit je anderer Vortragsbezeichnung und drei Instrumentengruppen verteilt: Beim ersten Satz (»Der Herr bauet Jerusalem und versammelt die Zerstreuten von Israel«) begleiten drei Posaunen den »kräftig« singenden Bass, beim zweiten (»Er heilet, die geschlagenen Herzens sind«) singt der Sopran »weich« mit Begleitung dreier Hörner und beim dritten schließlich (»Er zählet die Menge der Sterne«) begleiten Oboen und Fagotte den »frisch« aufsingenden Tenor. Die folgende Nummer (»Groß ist unser Herr«) ist ein Doppelchor im monumentalen Stil der Oratorien Händels oder Haydns. In dieser Sphäre bewegt sich auch das folgende Arioso mit

Chor und obligaten Soli für Violine und alle Holzbläser. In einem acht Minuten lang pausenlos pulsierenden $^9/_8$-Takt verbindet Bruckner spätbarocken Gestus mit den farbigen Modulationen jüngerer Musik. Unmittelbar schließt sich ein Sopran-Arioso an, bevor das Ganze in den obligatorischen Schlusschor mit Fuge mündet, für den sich Bruckner das triumphale Alleluja aufgespart hat.

Zur Grundsteinlegung: Festkantate

für Männerchor, Solisten und Blasorchester
entstanden 1862
Dauer ca. 12 Minuten

Bruckners Schaffen ist mit dem Neuen Dom zu Linz vielfach verknüpft. Sein größter Beitrag war die Vokalmesse mit Harmoniebegleitung (»e-Moll-Messe«) für die Einweihung der ersten Kapelle, doch schon zur Grundsteinlegung am 1. Mai 1862 hatte Bischof Rudigier bei seinem Domorganisten Bruckner ein Werk in Auftrag gegeben.[94] Den Text in acht Nummern schrieb Maximilian Pammesberger (1820–1864), Theologieprofessor in Linz und Mitglied des Dombaukomitees.

1. Chor: Preiset den Herrn, lobsingt seinen heiligen Namen
2. Solo-Quartett mit Chor: Taue deine Kraft und Stärke über Fundament und Stein
3. Chor: Preist den Herrn, Maria preiset, ohne Makel empfangen
4. Bass-Solo: Aus der Erde Schoß wächst der Bau riesengroß
5. Solo-Quartett: Das ist der Unbefleckten Haus
6. Präludium (für Klarinetten und Fagotte)

7. Choral: Des Landes Stämme wallen fromm aus allen Gauen zu dem Dom
8. Schlusschor: Preiset den Herrn

Bruckner berücksichtigte die Bedingungen einer Aufführung im Freien und schrieb ein Werk für Männerchor, Männer-Soloquartett und Blasorchester. Es spielte die Kapelle eines Infanterie-Regiments, Bruckners Lehrer Otto Kitzler half bei der Instrumentierung. Auf die Schlussfuge verzichtete Bruckner, denn mit Blick auf die Freilichtaufführung schwang er einen gröberen Pinsel. Lediglich in den Eingangschor baute Bruckner ein kleines Fugato ein (»Grund- und Eckstein bist du, o Herr«). Wie sich das solistische Männerquartett auf dem Festplatz akustisch durchsetzen konnte, ist schwer vorstellbar (Abb. 3), jedenfalls berichtete die Presse begeistert: »Nach dem Psalm Miserere wurde die von Herrn Professor Dr. Pammesberger verfaßte und vom Herrn Anton Bruckner in Musik gesetzte Festkantate von der Liedertafel ›Frohsinn‹ unter Mitwirkung der Regimentskapelle schwungvoll aufgeführt und vorgetragen. Eine herrliche prachtvolle Komposition! Wir wissen nicht, welcher Theil mehr gelungen ist, der kräftige Eingangschor oder das Baßsolo in der Mitte, oder der majestätische Choral, oder der Schlußsatz. Wir wünschten sehr im Interesse der Kunst, daß diese Kantate nicht gleich anderen Gelegenheitsstücken der Vergessenheit anheimgegeben, sondern daß sie auch veröffentlicht und in weiten Kreisen bekannt gemacht würde. Auch wünschten wir, daß dieses Werk bei irgend einer Gelegenheit in einem geschlossenen Raume möchte noch einmal aufgeführt werden.«[95] Der Wunsch sollte sich nicht erfüllen, weitere Aufführungen der *Festkantate* sind nicht bekannt.

Das Gesellenstück: Psalm 112 (113)

für Doppelchor und Orchester
entstanden 1863
Dauer ca. 10 Minuten

»Alleluja, lobet den Herrn ihr Diener«, oder »Lobet, ihr Knechte den Herrn«, wie es bei Luther heißt – der Psalm 112 ist eine der letzten Arbeiten, die Bruckner im Juni 1863 im Rahmen des Unterrichts beim Theaterkapellmeister Otto Kitzler komponiert hat. Das Werk ist gleich besetzt wie der frühere Psalm 146, nämlich für Doppelchor und großes Orchester. Wo der frühere Psalm sanft beginnt, steht hier gleich zu Beginn der triumphale Alleluja-Ruf, der das Werk wie ein Refrain gliedert: Alleluja, ruhiger Mittelteil, Alleluja, Schlussfuge, Alleluja. Das Werk steht stilistisch am Rande von Bruckners Entwicklung in den frühen 1860er-Jahren und ähnelt in seinem Mendelssohn'schen Tonfall dem 148. Psalm, der nach heutiger Schätzung bereits ein knappes Jahrzehnt vorher entstanden sein soll. Umgekehrt trennen den 112. Psalm Welten von der Messe in D, die nur ein Jahr später, im Sommer 1864, entstand. Ob Bruckner beim 112. Psalm, einer Schularbeit, seine Mittel mäßigte oder ob der frühere 148. Psalm doch später entstanden ist, das muss dahingestellt bleiben.

Hochzeit: Trauungschor (»O schöner Tag«) und Zur Vermählungsfeier (»Zwei Herzen«)

Trauungschor für Soli, Männerchor und Orgel
entstanden 1865
Dauer ca. 4 Minuten

Zur Vermählungsfeier für Männerchor
entstanden 1878
Dauer ca. 4 Minuten

Wie das Begräbnis war auch die Eheschließung ein Akt zwischen ziviler und kirchlicher Sphäre. Das Recht der Eheschließung war ein Zankapfel zwischen Kirche und liberalen Politikern im 19. Jahrhundert, und schon immer gab es bei Trauungen eine Fülle von weltlichen Ritualen, die sich um den nüchternen kirchlichen Akt gebildet hatten. Neben den ausufernden Lustbarkeiten, die die Kirche stirnrunzelnd, aber meist stillschweigend zur Kenntnis nahm, gab es bürgerliche Zeremonien und Traditionen, die näher bei Liturgie und Religion waren. Von Seiten der Kirche sah der Vorgang nur wenig vor: Einzug, Segnung der Ringe, Befragung des Brautpaars, Eheschließung, Segen. Eine vollständige Messe war (und ist) nicht notwendig. Für Kirchenmusik war in diesem Ritus kein offizieller Ort, denn es gab im Ritual keine Texte, die ein Chor hätte singen können. Die Anwesenheit eines Chors (das heißt: einer Gemeinde) war bei der Trauung nicht erforderlich, es genügten Brautpaar, Zeugen und Priester. Raum für Musik gab es also nur am Rande, etwa bei Ein- und Auszug.

Dass Bruckners *Trauungschor* für eine Aufführung in

der Kirche vorgesehen war, verrät die Begleitung des Männerchors mit Orgel. Am 5.2.1865 gab sich in der Linzer Stadtpfarrkirche ein Brautpaar das Ja-Wort, das Bruckner persönlich bekannt war: Sein Sangesbruder Karl Kerschbaum war der Bräutigam, Maria Schimatschek, Tochter seines bevorzugten Kopisten Franz Schimatschek, war die Braut, der Linzer Beamte Franz Isidor Proschko (1816–1891) verfasste den Text, Bruckner spielte die Orgel.

O schöner Tag, o dreimal sel'ge Stunde,
wo ich empfing das neue Sakrament,
wo Gottes Priester meine Hand gesegnet
zum heiligen Bunde, den der Tod nur trennt.

Wollt ihr sanft wie Engel wandeln
eure Bahn durch diese Zeit,
nehmt im Denken, nehmt im Handeln
nur den Frieden zum Geleit!

Bruckner unterscheidet die beiden Strophen musikalisch: Männerchor in der ersten, Solistenquartett in der zweiten, dann Männerchor da capo. Auch textlich stehen die Strophen für unterschiedliche Sphären. Die erste spricht aus dem Munde der Getrauten von kirchlichen Dingen, vom Sakrament der Eheschließung, durch den Priester gesegnet; die zweite Strophe spricht das Brautpaar in der zweiten Person an. Zwar ist von Engeln die Rede, aber die Stichworte »diese Zeit«, »Denken«, »Handeln« und »Frieden« klingen bürgerlicher. Das Werk entstand nach Vollendung der d-Moll-Messe, Bruckner begann in dieser Zeit die Arbeit an der Ersten Sinfonie, der Chorsatz ist schlicht, weist aber (vor allem im Solistenquartett) einige harmonische Kühnheit auf. So steigert sich das

Geschehen bei »nehmt im Denken, nehmt im Handeln« chromatisch nach oben – Sinnbild für anspruchsvolles Denken und Handeln –, um dann plötzlich abzubrechen und ins friedliche Piano zurückzusinken: »nur den Frieden zum Geleit!« Der *Linzer Zeitung* war das Ereignis einen Artikel wert: »Bei Anhörung dieses Chores befestigte sich in uns auf's Neue die Überzeugung, daß Bruckner, der durch seine große Messe vor kurzer Zeit in Linz gerechtes Aufsehen erregte, auch nicht eine Komposition, wie es gar so häufig namentlich bei Gelegenheitsgedichten geschieht, schablonenmäßig hinschreibt. Er behandelt jeden Stoff, auch den kleinsten künstlerisch, und stellt ihn als originelle Geistesschöpfung hin.«[96]

Dreizehn Jahre später fand wieder eine Trauung in Bruckners Freundeskreis statt. Bruckner lebte zu diesem Zeitpunkt in einem Mietshaus an der Wiener Heßgasse, das Anton Oelzelt Ritter von Newin (dem Jüngeren) gehörte, der an der Universität Vorlesungen bei Bruckner besuchte. Der gut Zwanzigjährige hatte das Haus von seinem Vater gleichen Namens geerbt, dem ehemaligen Wiener Stadt- und Hofbaumeister, der auch Erbauer des Hauses an der Heßgasse war. Der Junior studierte Philosophie und veröffentlichte philosophische Schriften, Bruckner sollte ihm später die Sechste Sinfonie widmen, denn Oelzelt ließ ihn günstig wohnen. 1878 heiratete der Mäzen und Hausherr Amalie von Wieser, Bruckner schrieb dafür den Chor *Zur Vermählungsfeier.* Welche Art von Feier das war, ob und wie sie stattfand, ist nicht bekannt. Oelzelt war Protestant, eine katholische Trauung kann Bruckner nicht vorgeschwebt haben, auch Orgelspiel ist nicht vorgesehen. Der Text stammt von Heinrich Wallmann, einem Mediziner, der unter dem Pseudonym Heinrich von der Mattig für Bruckner mehrere Gelegenheitstexte schrieb.

Zwei Herzen haben sich gefunden
und durch die Ehe sich verbunden,
gesegnet hat des Priesters Hand
das Paar, geknüpft das Liebesband.

Hat euch vereint der Geist der Wahrheit,
habt ihr erfasst die Pflicht mit Klarheit,
dann ist der Ehe Heiligtum
ein himmlisches Elysium.

So möge euch fürs ganze Leben
der Himmel Heil und Segen geben,
auch mein Gebet ruft heute laut:
Gott segne Bräutigam und Braut!

Das Sakrament, etwas Biblisches oder explizit Katholisches wird hier nicht erwähnt, anders als in Bruckners früherem Trauungschor. Der Anfang klingt eher nach dem bürgerlichen Hohelied der Gattenliebe: »Priester«, »Geist der Wahrheit«, »Pflicht der Klarheit« – das könnte auch in der *Zauberflöte* stehen; im Reim von »Heiligtum« und »Elysium« verbindet sich konfessionell unbestimmte Sakralität mit der Insel der Seligen, dem griechischen Elysion. Mit den Worten »Gott«, »Himmel« und »Segen« stellt der Dichter immerhin klar, dass es sich nicht gerade um eine Freimaurer-Kantate handelt. Bruckners Männerchor-Satz, abwechslungsreich und dem Anlass angemessen stimmungsvoll, bedient sich seiner reifen Harmonik und geht mit Chromatik und den enharmonischen Modulationen weit über das Männerchorrepertoire der Zeit hinaus. Vielleicht zu weit? Eine Aufführung zu Lebzeiten ist nicht bekannt.

Die allerbeste Festkantate: Psalm 150

für Sopran-Solo, Chor und Orchester
entstanden 1892
Dauer ca. 9 Minuten

Ein einziges Mal noch wandte sich Bruckner nach seinen vier frühen Psalmvertonungen dem Psalter zu, es war vier Jahre vor seinem Tod, und der 150. Psalm blieb der einzige Psalm, den Bruckner in seinem reifen Stil vertonte. Bruckner verwendete dafür nicht die Allioli-Bibel, sondern den Text Luthers, allerdings aus trivialen Gründen. Im Sommer 1892 fand in Wien auf dem Gelände des Praters die Internationale Ausstellung für Musik- und Theaterwesen statt, und schon ein halbes Jahr zuvor war das Organisationskomitee an Bruckner herangetreten und hatte ihn um eine Festkantate für die Eröffnungsfeier gebeten. Man legte ihm zwei besonders musikalische Psalmen zur Auswahl vor, nämlich den 98. und den 150. Psalm nach der Zählung und in der Übersetzung Luthers. »Singet dem Herrn ein neues Lied, lobet den Herrn mit Harfen, mit Harfen und Psalmen!«, so beginnt Psalm 98. Bruckner aber entschied sich für den 150. Psalm »wegen seiner besonderen Feierlichkeit«.[97] Er vertonte die Textvorlage gewissenhaft. Hatte er bisher in lateinischer Tradition stets »Alleluja« geschrieben, übernahm er nun das hebräisch-lutherische »Halleluja«:

Halleluja!
Lobet den Herrn in seinem Heiligtum,
lobet ihn in der Feste seiner Macht!
Lobet ihn in seinen Taten,
lobet ihn in seiner großen Herrlichkeit!

Lobet ihn mit Posaunen,
lobet ihn mit Psalter und Harfe!
Lobet ihn mit Pauken und Reigen,
lobet ihn mit Saiten und Pfeifen!
Lobet ihn mit hellen Zimbeln,
lobet ihn mit wohlklingenden Zimbeln!
Alles, was Odem hat, lobe den Herrn.
Halleluja!

Die Aufführung zerschlug sich, denn schon wenige Wochen nach Annahme des Auftrags ließ Bruckner den Auftraggeber wissen: »Mit dem 150. Psalm bis zur Eröffnung fertig zu werden, ist, soweit ich bis jetzt beurteilen kann, trotz des anhaltendsten Fleißes für mich alten Mann eine Unmöglichkeit. (Besser zur Schlußfeier).«[98] Das Werk war Ende Juni fertig, doch auch aus der Schlussfeier wurde nichts. Der Psalm erklang erst im November in einem Gesellschaftskonzert, umgeben von Schuberts Ouvertüre in e-Moll, Liszts Es-Dur-Klavierkonzert, *Wandrers Sturmlied* des jungen Richard Strauss und vom Finale aus Mendelssohns Opern-Fragment *Loreley*.
Bruckner pries das Werk als seine »allerbeste Fest-Cantate«[99] und charakterisierte es kurz und bündig: »Der Psalm ist ungefähr im Sinne des *Te Deum* geschrieben, aber kürzer.«[100] Die Form des achtminütigen Werks ist leicht umrissen. Der »Halleluja«-Ruf in C-Dur am Anfang und gegen Ende rahmt einen großen, 120 Takte umfassenden Hauptteil mit der Folge von »Lobet ihn«-Sätzen, beginnend in As-Dur und dann unaufhörlich modulierend, in der Mitte dieses Hauptteils steht ein langer Orgelpunkt auf G (»Lobet ihn mit Posaunen«). Den Ausruf »Alles, was Odem hat« schlägt Bruckner

zunächst diesem Hauptteil zu, um mit »Halleluja« eine musikalische Reprise des Anfangs bringen zu können. Danach aber kehrt das »Alles, was Odem hat« nochmals zurück für die große Schlussfuge, an deren Ende erneut das »Halleluja« steht.

Eduard Hanslick konnte sich auch im Alter nicht für Bruckners Musik begeistern, selbst für den 150. Psalm nicht. Dennoch sind Hanslicks Kritiken wertvolle Dokumente, brillant und bei aller Polemik von scharfer Beobachtung:

»Bruckner's Muse ist die Ekstase. In einem für festliche Gelegenheit bestimmten Hallelujah-Chor fühlt sie sich so recht zu Hause. Schade, daß sie in diesem Hause vorwiegend mit materiellen Mitteln wirthschaftet. Der Psalmtext verleitet allerdings zu einem gewaltigen Aufgebot von Kraft und Klangfülle. Der Anfang ist vortrefflich: ein majestätisches Unisono in C-Dur; auch die nächste Ausweichung nach As-Dur mit ihren mysteriösen Accordfolgen im ›Palestrinastyl‹ klingt schön und würdig. Lange jedoch vermag Bruckner nicht im Gleichgewicht zu bleiben. Er geräth in ein vages, nervöses Moduliren und theilt das Schicksal mancher Schriftsteller, die immer in Superlativen sprechen. Die Stelle ›Lobet ihn mit Posaunen‹, über dem Orgelpunkt auf G, ergeht sich, im Widerspruch zu dem freudigen Jubel des Textes, in so leidenschaftlich tragischer Aufregung, daß man ohneweiteres die Worte des *Dies irae* unterlegen könnte. Obendrein setzen widerhaarige chromatische Gänge und ein unbarmherziges Hinauftreiben der Singstimmen in die höchste Lage den Chor auf die gefährlichste Probe. Die neue Composition Bruckner's entbehrt nicht der äußerlichen Wirkung, ist aber nach ihrem künstlerischen Gehalt mit seinem *Te Deum* nicht zu vergleichen.«[101]

Dass Bruckners Komposition nicht der »äußerlichen Wirkung« entbehrt und ein »gewaltiges Aufgebot von Kraft und Klangfülle« bietet, ist richtig: Das war der Zweck des Auftragswerks, das den Auftakt zu einer gründerzeitlichen Großveranstaltung markieren sollte. Dass die Ausweichung nach As-Dur mysteriös klingt, trifft Hanslick ebenfalls gut; worauf er bei dieser überaus chromatischen Passage aber mit ›Palestrinastil‹ abzielt, ist weniger klar. Dass die Musik im Mittelteil leidenschaftlich, tragisch, ja einschüchternd wie ein *Dies irae* klingt, ist wiederum treffend beobachtet, doch der Grund war nicht, dass Bruckner den Text nicht verstanden hatte – was gibt es in diesem Text misszuverstehen? Genau da liegt das Problem. Auf Anhieb scheint der Text des 150. Psalms mit all seinen musikalischen Bildern dankbar zu vertonen, entpuppt sich aber als unbequem, weil er von Anfang bis Ende immer das gleiche sagt, während der Komponist nur ein oder zwei Mal naturalistische Tonmalerei der Instrumente bringen kann (Posaunen, Harfe, Pauken, Saiten, Pfeifen, Zimbeln), bevor sie platt und komisch wird. Deswegen haben Komponisten mit dem Text des 150. Psalms gerungen. Man denke an Strawinskys Vertonung in der *Psalmensinfonie*, 40 Jahre nach Bruckner entstanden: ein mysteriöser Anfang, ein aufgeregt-nervöser Mittelteil mit allen Raffinessen Strawinsky'scher Rhythmik und harten Archaismen, ein schier endloses Ostinato über Glockenklängen, ein sanfter Ausklang. Auch Bruckner hat sich vom Text nicht zu einem ungebrochenen Triumphgesang hinreißen lassen und greift den Sinn der Worte nur im »Halleluja«-Ruf und bei den »Posaunen« auf. Ansonsten versteht er den Text als ein großes Gotteslob, das er weitgehend losgelöst vom Text zu einer musikalischen Dichtung formt, in der er ein letztes Mal die Ausdruckssphären verknüpft, die das Religiöse bei ihm evozierte: Die Ekstase, von der Hanslick spricht, ist eine davon. Eine andere ist die Versenkung, das Geheimnisvolle, und wieder eine andere das Schreckliche, das Ungeheure, das Ehrfurchtgebietende, das Unermessliche – auch diesem räumt Bruckner Platz ein, auch wenn der Text keinen Anlass dazu gibt. So fügt es sich zu einem schönen Schlussbild, dass Anton Bruckner, aufgewachsen bei der Kirchenmusik, berufen zum Sinfoniker, sein geistliches Schaffen mit dem sinfonischen Psalm der Musiker beschloss, begleitet von Saiten, Pfeifen, Pauken und Posaunen.

Anmerkungen

[1] Für eine ausführliche Darstellung der Biografie Bruckners vgl. Diergarten, *Anton Bruckner.*
[2] Riemann, *Musik-Lexikon*, S. 604.
[3] Briefe I, 167; Briefe II, 153.
[4] Zu Bruckners Tätigkeit als Organist und seinen Orgelreisen vgl. Diergarten, *Anton Bruckner*.
[5] Zur Entstehungsgeschichte der Sinfonien vgl. ebenda.
[6] Enzyklika *Annus qui nunc* vom 19.2.1749, Kap. 12; Übersetzung nach *Linzer Diöcesanblatt* 1887, S. 26.
[7] Kirsch, *Kirchenmusikreform*.
[8] Habert, *Der deutsche Cäcilien-Verein*, S. 14.
[9] Walch, *»[...] ein gutes Dupplicat auf meine Rechnung [...]«*, S. 356.
[10] Hülsmann, *Der Gesang*, S. 36.
[11] Ebd., S. 12.
[12] Ebd., S. 20.
[13] Glöggl, *Kirchenmusik-Ordnung*, S. 34f.
[14] Hierzu grundlegend Wald-Fuhrmann, *Geistliche Vokalmusik*.
[15] Stifter, *Weihnacht*, S. 307f.
[16] Abgebildet in: Diergarten, *Anton Bruckner,* S. 26.
[17] Publiziert 1845 in Wien bei Diabelli, es handelt sich um eine Einrichtung von Musik aus Mozarts *Litaniae* KV 243.
[18] Cohrs 2017/18 und Cohrs 2018/19.
[19] Robert Klugseder, *Wiederentdeckung*, S. 5.
[20] Linzer Volksblatt, 9.10.1869, zit. nach ABCD, Eintrag 186910095.
[21] Eine Abbildung des Redoutensaals findet sich in: Diergarten, *Anton Bruckner*.
[22] Briefe I, S. 47f.
[23] Kosch, *Der Beter*.
[24] Kantner, *Die Frömmigkeit*.
[25] Maier, *Verborgene Persönlichkeit*, Bd. 1, S. 127.
[26] Briefe I, S. 159.
[27] Maier, *Persönlichkeit*.
[28] Briefe I, S. 66f. Zu diesem Brief vgl. die Analyse in: Kohrs, *Anton Bruckner*, Kap. IV.

[29] In Band XXI der Gesamtausgabe findet sich die Messe unter dem Titel »Messe ohne Gloria und Credo«.
[30] Glöggl, *Kirchenmusik-Ordnung*, S. 25.
[31] Ebd., S. 14.
[32] Wiener Fremdenblatt, 11.2.1867, zit. nach ABCD 186702115.
[33] Christliche Kunstblätter, 4.1.1865, zit. nach ABCD 186501045.
[34] Kirsch, *Versenkung und Ekstase*.
[35] Christliche Kunstblätter, 4.1.1865, zit. nach Maier, *Anton Bruckner*, Dokumententeil, S. 244–246, hier S. 245.
[36] Wiener Fremdenblatt, 10.2.1867, nachgedruckt im Linzer Abendboten, 13.2.1867, und (leicht gekürzt) in der Linzer Zeitung, 14.2.1867.
[37] Briefe I, S. 49.
[38] Zu dieser Thematik ausführlich Kohrs, *Anton Bruckner*, Kap. IV; Diergarten, *Anton Bruckner*, S. 92.
[39] Kurth, *Bruckner*, Bd. 2, S. 1236.
[40] Kohrs, *Anton Bruckner*, Kap. III.
[41] Ebenda.
[42] Diergarten, *Zur Genese*.
[43] Neue freie Presse, 29.5.1866, S. 1–2.
[44] Zellner's Blätter für Theater, Musik und bildende Kunst, 5.6.1866, S. 1.
[45] Linzer Volksblatt, 7.10.1869.
[46] Brief vom 20.5.1869, Briefe I, S. 105.
[47] Bone, *Das Te Deum*, S. 110.
[48] Glöggl, *Kirchenmusik-Ordnung*, S. 28.
[49] Briefe I, S. 259.
[50] Scheder, *Zur Entwurfsfassung*.
[51] Österreichische Kunst-Chronik, 16.1.1886, S. 50.
[52] Kohrs, *Anton Bruckner*.
[53] Allgemeine Kunst-Chronik, 16.1.1886, S. 49–51, hier S. 50.
[54] Wiener Signale, 15.1.1886, S. 13f., zit. nach ABCD, Eintrag 188601155; Neues Wiener Tagblatt, 13.1.1886, S. 5.
[55] Wiener Fremdenblatt, 19.1.1886, S. 6.
[56] Gschihay, *Erklärung der Gebräuche und Ceremonien*, S. 292.
[57] Briefe I, S. 280f.
[58] Schmid, *Liturgik der christkatholischen Religion*, Bd. 1, S. 322f.
[59] Musica sacra 19/3 (1886), S. 39.

[60] Briefe II, S. 194.
[61] Thiery, *Kurze katechetische Erläuterung*, S. 13.
[62] Glöggl, *Kirchenmusik-Ordnung*, S. 18.
[63] Hnojek, *Christ-katholische Liturgik*, 2. Teil, S. 536.
[64] Kohrs, *Anton Bruckner*, S. 77.
[65] Es handelt sich um die Motette *Salvator mundi*, vgl. Witzenmann, *Echi Palestriniani*.
[66] Gubsch, *Louise Hochleitner*.
[67] Briefe I, S. 65.
[68] Linzer Volksblatt, 28. 3. 1886.
[69] G/A, Bd. III/1, S. 498.
[70] Briefe II, S. 194.
[71] G/A, Bd. IV/1, 110.
[72] Der britische Komponist Howard Goodall (*1958) hat diesen ersten Takt explizit aufgenommen für seine Komposition *Ecce homo* (ebenfalls in C-Dur), die als Titelmusik der Fernsehserie *Mr. Bean* (1989–1995) bekannt wurde.
[73] Kohrs, *Anton Bruckner*, S. 51.
[74] Zum Folgenden ebd., S. 52f.
[75] Linzer Volksblatt, 7. 6. 1878.
[76] Zeitschrift für katholische Kirchenmusik 7/7 (1878), S. 56.
[77] Möller, *Die Marienverehrung*, S. 117f.
[78] Briefe I, S. 182.
[79] ABG, Bd. XXI/2, S. 102–117.
[80] Vgl. z. B. Müller, *Der katholische Schullehrer als Kirchensänger*, Musikbeilage.
[81] Rottmeyer, *Bischöfliche Generalien*, S. 13.
[82] Briefe I, S. 264.
[83] Hierzu im Einzelnen: Diergarten, *Bruckner, der Bischof und das Jahr 1885*.
[84] Hier kursieren einige Missverständnisse. So schreibt Wald-Fuhrmann, der *Parsifal* sei zur Zeit des *Ecce sacerdos* (also 1885) »freilich noch nicht komponiert« gewesen (S. 278), und bei Freisberg heißt es, Bruckner habe *Parsifal* »nicht selbst gehört« (S. 239). Beides ist falsch. Bruckner hörte das Werk im Sommer 1882.
[85] Briefe I, S. 264.
[86] Linzer Volksblatt, 20. 9. 1885, S. 2.
[87] Kurth, *Bruckner*, Bd. 2, S. 1296.
[88] Kohrs, *Anton Bruckner*, S. 43f.; Neuhuber, *»Heftet eure Sinn und Herzen«*.

[89] Die volle Textgestalt findet sich z. B. bei Christlicher Verein, *Die heilige Passion*, S. 61f.
[90] Ich danke Friedrich Buchmayr (St. Florian) für diesen Hinweis.
[91] Briefe I, S. 2.
[92] Wessely, *Oberösterreichische Totenlieder*; Petermayr, *Totenlieder*.
[93] Linzer Zeitung, 12. 2. 1861, zit. nach ABCD 186102125.
[94] Hawkshaw, *Bruckners Festkantate*.
[95] Linzer Zeitung, 3. 5. 1862, zit. nach ABCD 186205035.
[96] Linzer Zeitung, 6. 2. 1865, zit. nach ABCD 186502085.
[97] Briefe II, S. 171.
[98] Briefe II, S. 171.
[99] Briefe II, S. 225.
[100] Briefe II, S. 176.
[101] Neue freie Presse, 17. 11. 1892.

Literaturverzeichnis

ABCD = Franz Scheder, *Anton Bruckner Chronologie Datenbank*, www.bruckner-online.at/abcd (zitiert wird jeweils der Sortiercode des Eintrags).

ABG = Anton Bruckner Gesamtausgabe, hg. von der Österreichischen Nationalbibliothek und der Internationalen Bruckner-Gesellschaft, Wien 1951–2014.

ABLO = *Anton Bruckner Lexikon Online*, www.bruckner-online.at

Briefe I = Anton Bruckner, *Briefe 1852–1886* (Anton Bruckner Gesamtausgabe, Bd. XXIV/1), hg. von Andrea Harrandt und Otto Schneider, Wien 2009².

Briefe II = Anton Bruckner, *Briefe 1887–1896* (Anton Bruckner Gesamtausgabe, Bd. XXIV/2), hg. von Andrea Harrandt und Otto Schneider, Wien 2003.

G/A = August Göllerich und Max Auer, *Anton Bruckner. Ein Lebens- und Schaffensbild*, 4 Bände in 9 Teilen, Regensburg 1922–1937.

*

Angerer, Joachim F., *Bruckner und die klösterlichen Lebensformen seiner Zeit*, in: *Anton Bruckner und die Kirchenmusik. Bruckner-Symposion 1985*, hg. von Othmar Wessely, Linz 1988, S. 41–51.

Aschauer, Mario, *»Zu einem gothischen Dome gehört übrigens auch eine solche Messe.« Historische Ästhetik, Antonio Lottis Messe und Bruckners Linzer Kirchenmusik*, in: *Anton Bruckners Messen* (Wiener Bruckner-Studien 5), hg. von Elisabeth Maier und Erich Wolfgang Partsch, Wien 2013, S. 89–103.

Bone, Heinrich, *Das Te Deum*, in: *Frankfurter zeitgemäße Broschüren*, Frankfurt a. M. 1881, S. 71–110.

Christlicher Verein im nördlichen Deutschland, *Die heilige Passion gefeiert in Liedern, Betrachtungen und Gebeten*, Eisleben 1867.

Cohrs, Benjamin-Gunnar, Booklet-Text zur CD *Anton Bruckner. Missa Solemnis*, Accentus Music 2017/18.

—, Booklet-Text zur CD *Anton Bruckner. Requiem*, Accentus Music 2018/19.

Diergarten, Felix, *Zur Genese von Bruckners Adagio-Form. Die Rondos in der Formenlehre von Bruckner und Kitzler*, in: *Bruckner-Jahrbuch 2018–2020*, hg. von Andreas Lindner und Klaus Petermayr, Linz 2021, S. 69–90.

—, *Bruckners Vexilla regis. Aufklärung eines Missverständnisses*, in: Kirchenmusikalisches Jahrbuch 2022, S. 101–108.

—, *Anton Bruckner. Ein Leben mit Musik*, Bärenreiter 2023.

—, *Bruckner, der Bischof und das Jahr 1885*, in: *Streifzüge IV. Beiträge zur oberösterreichischen Musikgeschichte*, hg. vom Oberösterreichischen Volksliedwerk und dem Anton Bruckner Institut Linz, Linz 2023, S. 23–38.

Freisberg, Fabian, *Die Kirchenmusik Anton Bruckners. Ein Beitrag zum Verständnis der Entwicklung seiner künstlerischen Identität*, Diss. Saarbrücken 2016.

Glöggl, Franz Xaver, *Kirchenmusik-Ordnung*, Wien 1828.

Gschihay, Josef, *Erklärung der Gebräuche und Ceremonien unserer heiligen katholischen Kirche zum Gebrauche der studierenden Jugend*, Eger 1830.

Gubsch, Clemens, *Louise Hochleitner*, in: ABLO.

Habert, Johann Evangelist, *Der deutsche Cäcilien-Verein. Nach der Natur gezeichnet*, Leipzig 1877.

Hawkshaw, Paul, *Bruckners Festkantate für die Grundsteinlegung des neuen Linzer Doms 1862. Quellen und Entstehungsgeschichte*, in: *Bruckner Symposion 2018. Anton Bruckners frühe Kirchenmusik im Spiegel der Tradition*, hg. von Andreas Lindner und Klaus Petermayr, Linz 2021, S. 51–69.

Hnojek, Anton Adalbert, *Christ-katholische Liturgik*, Prag 1837.

Hülsmann, Ignaz, *Der Gesang und das Orgelspiel in der feierlichen heiligen Messe*, Münster 1869.

Kantner, Leopold, *Die Frömmigkeit Anton Bruckners*, in: *Anton Bruckner in Wien. Eine kritische Studie zu seiner Persönlichkeit* (Anton Bruckner. Dokumente und Studien 2), Graz 1980, S. 229–275.

Kirsch, Winfried, *Kirchenmusikreform, Cäcilianismus und Palestrina-Renaissance*, in: *Das 19. und frühe 20. Jahrhundert. Historisches Bewusstsein und neue Aufbrüche* (Geschichte der Kirchenmusik 3), hg. von Wolfgang Hochstein und Christoph Krummacher, Laaber 2013, S. 56–71.

—, *Versenkung und Ekstase. Zur musikalischen Ausdrucksästhetik der Motetten Anton Bruckners*, in: *Anton Bruckner – Tradition und Fortschritt in der Kirchenmusik des 19. Jahrhunderts*, hg. von Friedrich Riedl, Sinzig 2001, S. 339–358.

Klugseder, Robert, *Wiederentdeckung eines umfangreichen Korpus an Abschriften des Linzer Dom-Musikarchivs*, in: Mitteilungen des Anton Bruckner Instituts Linz 17 (2016), S. 4–10.

Kohrs, Klaus Heinrich, *Anton Bruckner. Angst vor der Unermeßlichkeit*, Frankfurt 2017.

Kosch, Franz, *Der Beter Anton Bruckner. Nach seinen persönlichen Aufzeichnungen*, in: *Bruckner-Studien*, hg. von Franz Grasberger, Wien 1964, S. 67–74.

Kurth, Ernst, *Bruckner*, 2 Bände, Berlin 1925.

Maier, Elisabeth, *Verborgene Persönlichkeit. Anton Bruckner in seinen privaten Aufzeichnungen* (Anton Bruckner. Dokumente und Studien 11), Wien 2001.

—, *Persönlichkeit*, in: *ABLO*.

—, *Anton Bruckner als Linzer Dom- und Stadtpfarrorganist. Aspekte einer Berufung*, Wien 2009.

Maier, Elisabeth / Renate Grasberger (Hg.), *Die Bruckner-Bestände des Stiftes St. Florian. Katalog* (Wiener Bruckner-Studien 6), Teil 1, Wien 2014.

Möller, Franz, *Die Marienverehrung in ihrem Grunde und nach ihrer mannigfaltigen kirchlichen Erscheinung*, Paderborn 1853.

Müller, Donat, *Der katholische Schullehrer als Kirchensänger, Organist und Kirchendiener*, Augsburg 1844.

Neuhuber, Christian, *»Heftet eure Sinn und Herzen nicht an diese Eitelkeit« oder Wie viel Barock steckt in den Texten der geistlichen Vokalmusik Bruckners?*, in: *Bruckner Symposion 2018. Anton Bruckners frühe Kirchenmusik im Spiegel der Tradition*, hg. von Andreas Lindner und Klaus Petermayr, Linz 2021, S. 177–190.

Petermayr, Klaus, *Totenlieder*, in: ABLO.

Riemann, Hugo, *Musik-Lexikon*, Leipzig 1882.

Rottmeyer, Joseph, *Bischöfliche Generalien der Diözese Passau*, Passau 1864.

Scheder, Franz, *Zur Entwurfsfassung 1881 von Bruckners* Te Deum, in: *Bruckner-Tagung: Steyr, Stadtpfarrhof, 23.–25. Oktober 2003*, hg. von Roland Bachleitner und Erich Wolfgang Partsch, Wien 2009, S. 49–83.

Schmid, Franz Xaver, *Liturgik der christkatholischen Religion*, Passau 1841.

Stifter, Adalbert, *Weihnacht* (erstmals erschienen 1866), in: ders., *Vermischte Schriften*, Pest 1870, Bd. 2, S. 298–309.

Thiery, Jakob, *Kurze katechetische Erläuterung des Wissenswürdigen von den äußeren Gebräuchen der katholischen Kirche*, Landau 1854.

Walch, Johanna, *»[...] ein gutes Dupplicat auf meine Rechnung [...]«. Unveröffentlichte Briefe zwischen Anton Bruckner und Joseph Gruber*, in: *Bruckner-Jahrbuch 2006–2010*, hg. von Theophil Antonicek, Andreas Lindner und Klaus Petermayr, Linz 2011, S. 353–358.

Wald-Fuhrmann, Melanie, *Geistliche Vokalmusik*, in: *Bruckner Handbuch*, hg. von Hans-Joachim Hinrichsen, Stuttgart 2010, S. 224–289.

Wessely, Othmar, *Oberösterreichische Totenlieder aus dem Umkreis des jungen Bruckner*, in: *Anton Bruckner und die Kirchenmusik. Bruckner-Symposion 1985*, hg. von dems., Linz 1988, S. 73–83.

Witzenmann, Wolfgang, *Echi Palestriniani Nei Mottetti Di Anton Bruckner*, in: *Atti Del II Convegno Internazionale Di Studi Palestriniani: Palestrina e La Sua Presenza Nella Musica e Nella Cultura Europea Dal Suo Tempo Ad Oggi*, hg. von Lino Bianchi Giancarlo Rostirolla, Palestrina 1991, S. 515–525.

Werkregister nach geistlichen Themen

Maria und Marienfeste
Afferentur regi
Ave Maria WAB 5
Ave Maria WAB 6
Ave Maria WAB 7
Ave regina caelorum
Magnificat
Tota pulchra es
Virga jesse

Passion
Christus factus est WAB 9
Christus factus est WAB 10
Christus factus est WAB 11
In jener letzten der Nächte
Vexilla regis

Eucharistie
Pange lingua WAB 31
Pange lingua et Tantum ergo WAB 32
Fünf Tantum ergo WAB 41
Tantum ergo WAB 42
Tantum ergo WAB 43
Tantum ergo WAB 44

Tod und Beisetzung
Am Grabe
Dir, Herr, dir will ich mich ergeben
Libera me, Domine WAB 21
Libera me, Domine WAB 22
Requiem
Zwei Totenlieder
Vor Arneths Grab

Priester, Bischof und Kirche
Ecce sacerdos
Inveni David
Locus iste
Os justi

Lob und Dank
Psalm 112
Psalm 146
Psalm 150
Te Deum

Weihwasser und Taufe
Zwei Asperges me WAB 3
Asperges me WAB 4

Hochzeit
Trauungschor
Zur Vermählungsfeier

Werkregister nach Besetzung

Gemischter Chor a cappella
Asperges me WAB 4
Ave Maria WAB 6
Christus factus est WAB 9
Christus factus est WAB 11
Dir, Herr, dir will ich mich ergeben
In jener letzten der Nächte
In sanctum angelum custodem
»Kronstorfer« Messe
Locus iste
Messe für den Gründonnerstag
Os justi
Pange lingua WAB 31
Pange lingua und Tantum ergo WAB 33
Tantum ergo WAB 32
Vier Tantum ergo WAB 41
Totenlieder
Vexilla regis
Virga jesse

Gemischter Chor mit einzelnen Instrumenten
Afferentur regi (mit Posaunen)
Asperges me WAB 3 (mit Orgel)
Ave Maria WAB 5 (mit Soli, Cello und Orgel)
Ecce sacerdos magnus (mit Posaunen und Orgel)
Entsagen (mit Solo und Klavier)
Festgesang (mit Solo und Klavier)
Libera me WAB 21 (mit Orgel)
Libera me WAB 22 (mit Posaunen und Generalbass)
Psalm 22 (mit Soli und Klavier)
Psalm 114 (mit Posaunen)
Tantum ergo WAB 42 (mit Orgel)
Tantum ergo WAB 43 (mit Orgel)
Tota pulchra es (mit Solo und Orgel)

Gemischter Chor, (Soli) und Orchester
Christus factus est WAB 10
Magnificat
Messe in D
Messe in E (mit Blasorchester)
Messe in F
Missa solemnis
Prälatenkantaten (mit Blasorchester)
Psalm 112
Psalm 146
Psalm 150
Requiem
Tantum ergo WAB 44
Te Deum

Männerchor
Am Grabe
Festkantate (mit Blasorchester)
In sanctum angelum custodem
Inveni David (mit Posaunen)
Trauungschor (mit Orgel)
Vor Arneths Grab (mit Posaunen)
Zur Vermählungsfeier

Einstimmiger Gesang mit Begleitung
Ave Maria WAB 7 (mit Orgel)
Ave regina caelorum (mit Orgel)
In jener letzten der Nächte (mit Orgel)
Veni creator spiritus (mit Orgel)
Windhaager Messe (mit Hörnern und Orgel)

Inhalt

Danksagung

Die Entstehung dieses Buches wurde gefördert von der Hermann-und-Ingrid-Frommhold-Stiftung; die Drucklegung wurde unterstützt durch das Land Oberösterreich und den Katholischen Pressverein der Diözese Linz (übrigens ein Verein, der 1870 von Bruckners ehemaligem Dienstherrn Franz-Joseph Rudigier gegründet wurde). Ihnen sei hier mein Dank ausgesprochen.
Dank gilt weiterhin der Verlegerin Mona Müry. Sie war von Anfang an interessiert an meinem Manuskript und hat seine Entstehung mit Sachkenntnis und Umsicht begleitet.
Danken möchte ich schließlich meinen Kollegen Klaus Heinrich Kohrs, Christian Neuhuber und Meinrad Walter, die das Manuskript kritisch durchgesehen haben.

Bildnachweis

Abb. 1: © Stiftsarchiv St. Florian, Abdruck mit freundlicher Genehmigung / Abb. 2: © Orgelbau Kuhn, CH-Männedorf, Abdruck mit freundlicher Genehmigung / Abb. 3: © Museum Nordico Linz, Abdruck mit freundlicher Genehmigung / Abb. 4: © Bildarchiv Austria, Abdruck mit freundlicher Genehmigung / Abb. 5: Privatarchiv / Abb. 6: © Lukas Beck, Wien, Abdruck mit freundlicher Genehmigung / Abb. 7: © Bildarchiv Austria, Abdruck mit freundlicher Genehmigung

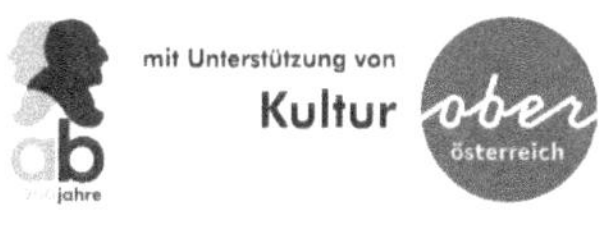

Bibliografische Information der Deutschen Nationalbibliothek
Die Deutsche Nationalbibliothek verzeichnet die Publikation in der Deutschen Nationalbibliografie; detaillierte bibliografische Daten sind im Internet über http://dnb.de abrufbar.

Salzburg – Wien
Gestaltung: Müry Salzmann Verlag
Druck: GGP Media GmbH, Pößneck
ISBN 978-3-99014-248-6
www.muerysalzmann.com

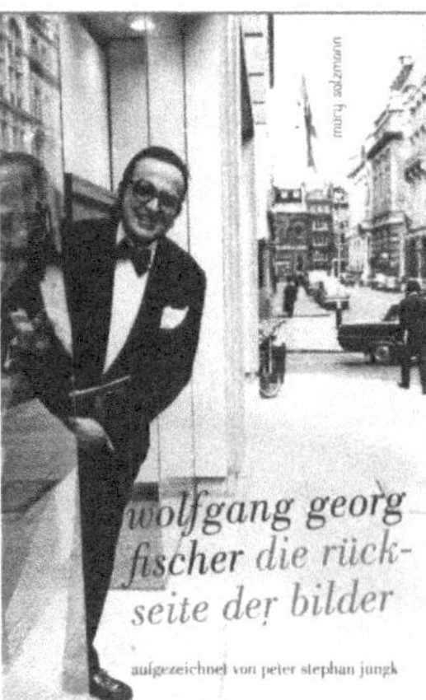

Wolfgang Georg Fischer
Die Rückseite der Bilder
aufgezeichnet von
Peter Stephan Jungk

ISBN 978-3-99014-232-5
240 S., 11.5x18 cm
gebunden mit Schutzumschlag
EUR 28,–

„Mir gefiel der Umgang mit den wichtigsten Künstlern der Galerie, zu denen neben Henry Moore auch Francis Bacon und Oskar Kokoschka zählten."
Wolfgang Georg Fischer

Die *Marlborough Gallery* und *Fischer Fine Art* waren Drehscheiben vieler Kunstgrößen der Moderne. In seiner Autobiografie, die auf Tagebüchern sowie Gesprächen mit Peter Stephan Jungk beruht, erzählt Wolfgang Georg Fischer freimütig, was man nirgends sonst erfährt: seine ganz persönliche Kunstgeschichte. Und die ist an Dynamik, Zeit- und Welthaltigkeit und auch an Spannung nicht zu überbieten!